essentials

Weitere Bände in dieser Reihe
http://www.springer.com/series/13088

essentials liefern aktuelles Wissen in konzentrierter Form. Die Essenz dessen, worauf es als „State-of-the-Art" in der gegenwärtigen Fachdiskussion oder in der Praxis ankommt. essentials informieren schnell, unkompliziert und verständlich

- als Einführung in ein aktuelles Thema aus Ihrem Fachgebiet
- als Einstieg in ein für Sie noch unbekanntes Themenfeld
- als Einblick, um zum Thema mitreden zu können

Die Bücher in elektronischer und gedruckter Form bringen das Expertenwissen von Springer-Fachautoren kompakt zur Darstellung. Sie sind besonders für die Nutzung als eBook auf Tablet-PCs, eBook-Readern und Smartphones geeignet. essentials: Wissensbausteine aus den Wirtschafts, Sozial- und Geisteswissenschaften, aus Technik und Naturwissenschaften sowie aus Medizin, Psychologie und Gesundheitsberufen. Von renommierten Autoren aller Springer-Verlagsmarken.

Klaus Watzka

Zielbasiert vergüten

Konzeptentwicklung mit Entscheidungsbausteinen

Klaus Watzka
Jena, Deutschland

ISSN 2197-6708 ISSN 2197-6716 (electronic)
essentials
ISBN 978-3-658-13159-3 ISBN 978-3-658-13160-9 (eBook)
DOI 10.1007/978-3-658-13160-9

Die Deutsche Nationalbibliothek verzeichnet diese Publikation in der Deutschen Nationalbibliografie; detaillierte bibliografische Daten sind im Internet über http://dnb.d-nb.de abrufbar.

Springer Gabler

Gedruckt auf säurefreiem und chlorfrei gebleichtem Papier

Springer Gabler ist Teil von Springer Nature
Die eingetragene Gesellschaft ist Springer Fachmedien Wiesbaden GmbH

Was Sie in diesem Essential finden können

Inhalte dieses Essentials

- Grundsätzliche Gestaltungsprinzipien zielorientierter Führungssysteme
- Basisentscheidungen zielbasierter Vergütungssysteme
- Detailentscheidungen zielbasierter Vergütungssysteme
- Mögliche Nachteile zielbasierter Vergütungssysteme
- Implementierungshinweise
- Rechtliche Hinweise

Inhaltsverzeichnis

1 Grundlagen

1.1 Aufbau zielorientierter Führungssysteme

Wie sehen die wichtigsten Funktions- und Ablaufprinzipien zielorientierter Führungssysteme aus?

Ziele sind *„angestrebte zukünftige Zustände"* (= Sollzustände). Nur die Erreichung von Zielen sichert langfristig Überlebensfähigkeit, Akzeptanz und Erfolg von Organisationen. Die mit Abstand wichtigste Aufgabe von Führungskräften ist daher, die Erreichung von Organisationszielen sicher zu stellen. Akzeptiert man diese Überlegungen, dann wird ein Führungsinstrument unverzichtbar: Führung durch Ziele (= Management by Objectives oder kurz MbO) – siehe zum nachfolgenden Überblick: Watzka 2016 passim, Eyer und Haussmann 2014, S. 31 ff.

Zielvorgabe und Zielvereinbarung
Nach überwiegender Auffassung ist das Managementsystem „Führen durch Ziele" als partizipativer Prozess anzulegen, bei dem sich Führungskraft und Mitarbeiter in einem offenen Dialog auf die Stellenziele des Mitarbeiters einigen (= *Zielvereinbarung*). Damit ist aber die eher autoritäre Variante der *Zielvorgabe* nicht komplett ausgeschlossen. Sie bietet sich insbesondere an, wenn

- Mitarbeiter nicht den fachlichen oder persönlichen Reifegrad für Zielvereinbarungsgespräche „auf Augenhöhe" haben,

K. Watzka, *Zielbasiert vergüten*, essentials,
DOI 10.1007/978-3-658-13160-9_1

- Zielentscheidungen unter hohem Zeitdruck getroffen werden müssen,
- nach einem längeren Diskussionsprozess – aus welchen Gründen auch immer – eine Einigung auf gemeinsam getragene Ziele nicht möglich ist. Keinesfalls darf die Organisation in einem „Zustand ohne Ziele“ verharren.

Zielkaskadierung
Aus den Visionen, Strategischen Zielen oder Langfristzielen einer Organisation – man spricht auch kurz von „Oberzielen“ – werden in einem stufenweisen Kommunikationsprozess die Ziele für die jeweils nachgeordneten Hierarchieebenen abgeleitet. Der Kaskadierungsprozess – man spricht auch von „schrittweiser Aufspaltung der Oberziele“ – zieht sich damit über alle Führungsebenen hinunter bis zur Sachbearbeiterebene. Dies setzt zum einen voraus, dass das Top-Management der Organisation die Oberziele klar formuliert und intensiv, nachvollziehbar und vollständig in der Organisation kommuniziert hat. Zum anderen bedarf es für die Zielkaskadierung einer geeigneten Organisationsstruktur, die es erlaubt, allen organisatorischen Einheiten (Abteilungen, Gruppen, einzelne Stellen)

- eindeutig,
- abgrenzbar,
- konfliktfrei

Ziele zuzuordnen. Man spricht hier auch von „Organisationskongruenz der Ziele“ und meint damit, dass sich die per Zielkaskadierung abgeleitete Zielpyramide deckungsgleich auf die Organisationsstruktur projizieren lässt. Dass sich für ein wichtiges Ziel keine Organisationseinheit zuständig fühlt oder im gegenteiligen Fall sich mehrere Organisationseinheiten – mit „Kompetenzgerangel“ als Folge – um ein Ziel kümmern, ist dann ausgeschlossen.

Freie Mittelwahl
Die Mitarbeiter entscheiden selbst, mit welchen Mitteln oder über welche Maßnahmen sie ihre Ziele erreichen wollen. Das gewährt ihnen umfängliche Freiheitsgrade bei der Aufgabenerfüllung. Bekanntlich führen ja immer mehrere Wege nach Rom. Der Mitarbeiter kann denjenigen wählen, der ihm am erfolgversprechendsten erscheint und der am besten zu seiner Persönlichkeitsstruktur und zu seinen bevorzugten Verhaltenstendenzen passt.

Die gewählten Mittel und Maßnahmen haben sich natürlich innerhalb legaler und weiterer, von der Organisation gesetzter Grenzen zu bewegen. Letztere sollten dann aber auch nicht so engmaschig gesteckt sein, dass sie die dem MbO innewohnende Freiheitsphilosophie konterkarieren.

Führungskräfte sind aufgrund des Prinzips der „freien Mittelwahl" der Notwendigkeit enthoben, jede Arbeitsaufgabe – im Extremfall jeden Arbeitsschritt – einzeln anweisen und kontrollieren zu müssen. Auch sie gewinnen dadurch beträchtliche zeitliche Freiräume. Die Außensteuerung des Mitarbeiters durch den Vorgesetzten ist beim MbO in starkem Umfang durch die Selbststeuerung des Mitarbeiters ersetzt. Voraussetzung dafür sind allerdings Vorgesetzte, die fähig und bereit sind „loszulassen", also Macht und Kontrolle in Teilen an den Mitarbeiter abzugeben. Zudem müssen sie ihre Mitarbeiter zeitnah und umfänglich mit allen Informationen ausstatten, die diese für eine selbstständige Zielverfolgung benötigen.

Zielspektrum

Eine intensive Steuerung des Mitarbeiterverhaltens über Ziele setzt einen komplexen Zielkatalog voraus. Dieser sollte aus folgenden Komponenten bestehen:

- **Klassische Aufgabenziele**
  (= „Was soll inhaltlich, bis wann, in welchem Umfang erreicht werden?")
- **Leistungsziele**
  (z. B. Umsatz, Gewinn, Qualitätsniveau)
- **Ressourcenzielen**
  (z. B. Zeit-, Energie-, Materialeinsparung)
- **Innovationsziele**
  (z. B. Verbesserung von Geschäftsprozessen, Produkten und Dienstleistungen)
- **Verhaltensziele**
  (z. B. Verbesserung der Kooperation und Kommunikation, Optimierung von Informationsflüssen)
- **Personalentwicklungsziele**
  (Verbesserung der Fach-, Methoden- und Sozialkompetenz des Mitarbeiters).

Mitunter wird auch empfohlen, zusätzlich noch **Negativ-Ziele** zu berücksichtigen. Hier geht es um ganz explizite Vereinbarungen zum Beispiel zur Frage, welche Geschäftsprozesse künftig nicht mehr durchgeführt werden, welche Aktivitäten oder Formulare entfallen sollen. Die Logik dahinter: Die Trennung von jahrelang ausgeübten Tätigkeiten fällt Mitarbeitern mental schwer. Schließlich bieten Arbeitsroutinen ja auch ein Stück Sicherheit und Orientierung. Also werden sie weiter ausgeübt, obwohl ihre

Notwendigkeit und Effizienz mittlerweile vielleicht fragwürdig geworden ist. Negativziele sollen dem Mitarbeiter die erforderliche Initialzündung geben, sich ganz bewusst von obsolet gewordenen Tätigkeiten zu trennen. Dieser „Entrümpelungsakt" ist unverzichtbar, wenn man zeitliche Freiräume und mentale Energien für neue Ziele und Aufgaben in der Organisation schaffen möchte. Ein ständiges additives „Draufsatteln" von neuen Aktivitäten auf die alten Aufgaben und Ziele führt die Organisation und die in ihr tätigen Menschen schnell an ihre Belastungsgrenzen.

Dieses komplexe Zielspektrum macht deutlich, dass professionelle Zieldefinitionen anspruchsvolle Arbeitsprozesse sind und die Führungskräfte intensiv fordern.

Bis hierhin sind Zielvereinbarungen „nur" ein Ansatz der Mitarbeiterführung. Möchte man nun die Mitarbeiter auch nach dem Zielerreichungsgrad bezahlen, also sogenannte „Zielboni" ausschütten, dann steht man vor der Aufgabe der „Konzeption eines zielbasierten variablen Vergütungssystems". Bevor nun die dafür notwendigen Einzelentscheidungen vorgestellt werden, sollen in Abschn. 1.2 zunächst einmal einige allgemeine Überlegungen zur Konzeption von Managementsystemen angestellt werden.

1.2 Konzeption von Managementsystemen

▶ *Welche grundsätzlichen Zielkonflikte treten bei der Konzeption eines zielbasierten Vergütungssystems auf?*

Am Beginn aller Gestaltungsüberlegungen für ein zielbasiertes Vergütungssystem sollte man sich verdeutlichen, dass es ein unauflösbares Spannungsverhältnis zwischen vier Gestaltungspolen gibt (Conrad und Manke 2002, S. 24 ff.). Man steckt also sozusagen in einer „echten Quadrilemma-Situation"! Folgendes Zitat bringt es auf den Punkt:

▶ *„Einfache Systeme sind nicht genau, genaue Systeme sind nicht einfach, allgemeingültige Systeme sind zwar leicht administrierbar, aber wenig spezifisch".*

(in Anlehnung an Conrad und Manke 2002, S. 28)

Diese Aussage hat tendenziell für alle Managementsysteme Gültigkeit. Man muss sich in einer Art „Metaentscheidung" grundsätzlich positionieren, wie viel von dem einen Gestaltungspol zu Lasten anderer Pole realisiert werden soll. Im Ergebnis ergibt sich eine Steuerungsraute für zielorientierte Vergütungssysteme mit partiell konfliktären Zielen (Abb. 1.1).

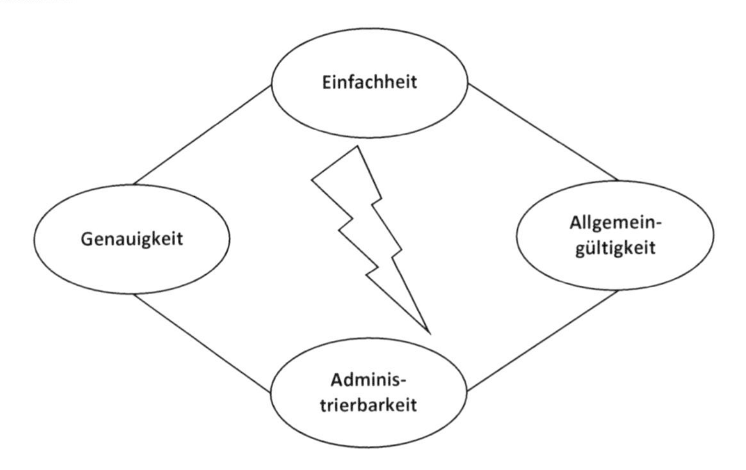

Abb. 1.1 Steuerungsraute für die Gestaltung von Vergütungssystemen

Man kann versuchen, Systeme zu konzipieren, die

- auf die möglichst genaue Erfassung von Unterschieden bei den Zielschwierigkeiten und den Zielerreichungsgraden abzielen,
- möglichst viele Sonderfälle abbilden können,
- die Ergebnisse dann sehr differenziert – und damit „leistungsgerecht" – in Geldgrößen transferieren.

Solche Systeme sind zwangsläufig komplex. Vielleicht werden sie von allen Beteiligten tatsächlich als „gerechter" empfunden. Sicher ist das aber keineswegs. Denn komplexere Regelwerke bieten auch mehr Ansatzpunkte zur Hinterfragung durch die Mitarbeiter. Auf alle Fälle hat man sich aber durch ein *genaueres System* gegen ein *einfacheres System* und damit für

- eine größere Erklärungsbedürftigkeit,
- mehr Aufwand beim Anwendertraining und
- mehr Aufwand bei der Administration

entschieden.

Ähnliches gilt für die Frage der *Allgemeingültigkeit*. Ein einziges System, das in unveränderter Form in der gesamten Organisation und für alle Zielgruppen eingesetzt wird, kann zwar spezifische Besonderheiten einzelner Bereiche oder Mitarbeitergruppen nicht abbilden, ist dafür aber kostengünstig zu administrieren.

Ein wenig bleibt es immer die „Wahl zwischen Pest und Cholera". Ein Krankheitsbild handelt man sich immer ein. Letztlich wird jede Organisation auf Basis ihrer gewachsenen Organisationskulturen die Justierung zwischen den vier Gestaltungspolen vornehmen müssen. Sie sollte mit hoher Bewusstheit vorgenommen werden. Zu viel „Differenzierungseuphorie" in der Konzeptionsphase eines Systems, könnte sich bei dessen späterer täglichen Handhabung sonst nämlich bitter rächen.

Basisentscheidungen bei zielbasierten Vergütungssystemen

2

2.1 Zielgruppe

Entscheidungsbaustein 1: Für welche Zielgruppen soll das System gelten? Für welche nicht?

Eignung der Aufgabe

Die Basisvoraussetzung für einen Einbezug in die zielbasierte Vergütung ist, dass die Art der Aufgabe der Mitarbeiter eine Vorgabe oder Vereinbarung sinnhafter Ziele auf Dauer überhaupt möglich macht. Gleichbleibende Routineaufgaben ohne nennenswerte Beeinflussungsmöglichkeiten des Ergebnisses durch die Mitarbeiter sind definitiv ungeeignet. Konsequenterweise sollte man solche Mitarbeitergruppen von zielbasierten Vergütungssystemen ausnehmen. Ansonsten hat man lediglich ein zeitfressendes, lächerliches, hohles Ritual etabliert, das Führungskräfte und Mitarbeiter belastet, aber keine Steuerungswirkung auf das Mitarbeiterverhalten ausübt (Malik 2000, S. 185).

Beispiel

Die Vereinbarung von Zielen für die Mitarbeiter in der Werksfeuerwehr macht genauso wenig Sinn wie für die Mitarbeiter in den Pförtnerlogen des Werks. Ihr Arbeitstag besteht zu einem hohen Anteil aus Bereitschaftszeiten und Anwesenheit

K. Watzka, *Zielbasiert vergüten*, essentials,
DOI 10.1007/978-3-658-13160-9_2

und im Fall der Pförtner aus immer ähnlichen Routineauskünften. Sollte es bei der Werksfeuerwehr zu Einsätzen kommen – deren Häufigkeit, Art und Intensität nicht planbar sind, dann muss man davon ausgehen, dass sie als Hochleistungsteam eintrainierte Handlungsroutinen jeweils mit maximaler Geschwindigkeit und maximalem Einsatz abrufen. Dieses Ziel ist also generell fest definiert.
Die Entscheidung gegen einen Einbezug in das zielbasierte Vergütungssystem sollte man flexibel handhaben. So kann es einzelne Zeitperioden geben, in denen die Zielvereinbarung Sinn macht. Dies könnte zum Beispiel der Fall sein, wenn bei den Pförtnern ein neues EDV-System eingeführt werden soll oder bei der Feuerwehr neue Rettungsroutinen etabliert werden sollen. Die schnelle Implementierung könnte man dann durch Zielboni unterstützen.

Eignung der Führungskräfte
Ein weiterer kritischer Blick sollte der Frage gelten, ob man in allen Bereichen tatsächlich über die Führungskräfte verfügt, die die Zielformulierungs- und Zielbeurteilungsprozesse samt aller dafür notwendigen Gespräche mit den Mitarbeitern kompetent handhaben können. Fehlt diese Voraussetzung, dann kann nicht zielorientiert vergütet werden, selbst wenn die Aufgaben dafür grundsätzlich geeignet wären! Die Zeit ist eben für die Systemeinführung noch nicht reif. Es müssen dann zunächst die notwendigen Trainingsmaßnahmen mit den Führungskräften durchgeführt werden.

Ansonsten läuft man Gefahr, dass ein Vergütungssystem durch inkompetente Handhabung durch die Führungskräfte schon in seiner Einführungsphase bei den Mitarbeitern nicht auf Akzeptanz stößt (Eyer und Hausmann 2014, S. 126 ff.).

2.2 Einführungszeitpunkt und -strategie

Entscheidungsbaustein 2: Soll die Einführung für alle einzubeziehenden Gruppen zum gleichen Zeitpunkt erfolgen oder nach einem Stufenkonzept?

Obere Hierarchieebenen
Häufig wird es sich anbieten, bei der Systemeinführung zunächst mit der Gruppe der Leitenden Führungskräfte und den Außertariflichen Mitarbeitern zu beginnen. Zum einen hat man hier größere arbeitsvertragliche Gestaltungsspielräume als bei tariflichen Mitarbeitern. Zum anderen kann die Vorbildfunktion von Führungskräften ein wichtiges Motiv sein. Nachgeordnete Hierarchieebenen sind am leichtesten von einer konsequenten Handhabung eines Managementsystems zu überzeugen,

wenn sie eine intensive und professionelle Handhabung des Instruments im Top-Management beobachten können.

Pilotbereiche
Erwägenswert ist, zunächst in ausgewählten „Pilotbereichen" zu starten. Das gibt die Möglichkeit, zunächst Erfahrungen mit dem neuen Vergütungskonzept zu sammeln und nötigenfalls Verbesserungen am System vorzunehmen, ehe es für die gesamte Organisation „scharf geschaltet" wird. Konstruktionsfehler multiplizieren sich dann nicht sofort in die gesamte Organisation hinein.

Ein wichtiger Entscheidungsaspekt bei der Auswahl von Pilotbereichen ist die Frage, wie die Einstellung einzelner Mitarbeiter zu Risikokomponenten in der Vergütung ist und wie intensiv zu erwartende Widerstände seitens der Mitarbeiter und Belegschaftsvertretungen sind. Zwar gilt auch hier grundsätzlich der Spruch, *„dass man nicht die Frösche fragen darf, wenn man den Sumpf trocken legen will"*. Aber es kann im Sinne einer konfliktarmen Einführung auch klug sein, das System zunächst nur in den Organisationsbereichen einzuführen, die den dafür notwendigen Reife- und Offenheitsgrad aufweisen. Das neue Vergütungssystem wird dann nicht schon zu Beginn durch eine Negativstimmung belastet.

Relativierung Ein Argument gegen eine solch differenzierte Vorgehensweise ist allerdings, dass sie dazu führt, dass in der Organisation mehrere Vergütungssysteme parallel existieren und dann auch administriert werden müssen. Dies schafft Zusatzkomplexitäten. Unter diesem Blickwinkel wäre natürlich die Einführung für möglichst alle Mitarbeiter zu einem einheitlichen Starttermin am sinnvollsten.

2.3 Transparenzniveau für Geschäftsdaten

▶ *Entscheidungsbaustein 3: Welche sensiblen Geschäftsdaten wollen die Eigentümer der Organisation offen legen, welche nicht? Welche Informationen unterliegen aus Wettbewerbsgründen der Geheimhaltung?*

Sollen mit einzelnen Mitarbeitern, Teams oder gar ganzen Bereichen Ziele mit Bezug zu Gewinngrößen, Umsatz, Marktanteil, Kostenstrukturen etc. vereinbart werden, dann ist die Konsequenz, dass über diese Erfolgsgrößen in der Organisation auch eine höhere Transparenz entsteht. Diese muss auch unbedingt gegeben sein, wenn der gesamte zielorientierte Vergütungsprozess mit hoher Glaubwürdigkeit für die Mitarbeiter ablaufen soll. Wer Gewinnziele oder Umsatzziele vereinbart, muss den Mitarbeitern auch detailliert zurückmelden, ob sie erreicht wurden. Nur wenn Mitarbeiter im Zielerreichungsgespräch eindeutig nachvollziehen können, warum und in welcher Höhe ihnen ein Zielbonus zugesprochen (oder vorenthalten) wird, wird die Vergütungsentscheidung bei ihnen auf Akzeptanz stoßen.

Es ist daher im Vorfeld mit den Eigentümern zu klären, wie weit sie den Schleier über einzelnen Geschäftsdaten lüften wollen. Falls es Tabuzonen gibt, dann können möglicherweise zu einzelnen Erfolgsgrößen nur eingeschränkt Ziele vereinbart werden. Analoges gilt für alle Informationen, die man aus Wettbewerbs- und Geheimhaltungsgründen den Mitarbeitern gegenüber nicht detailliert und mit allen Quervernetzungen offen legen will.

2.4 Vergütungsrelevante Zieltypen

▶ *Entscheidungsbaustein 4: Welche Arten von Zielen sollen durch Zielboni untersetzt werden, welche nicht?*

In Abschn. 1.1 wurden die Komponenten eines vollständigen Zielkatalogs vorgestellt.

Es ist nun zu entscheiden, ob generell alle dort aufgelisteten Ziele für die Vergütung des Mitarbeiters relevant sein sollen oder ob einzelne Zieltypen „lediglich" führungsrelevant sind. Entscheidet man sich dafür, dass sich der Zielbonus aus der Erreichung mehrerer unterschiedlicher Zieltypen speist, dann wäre auch eine Entscheidung über deren jeweilige Prozentanteile zu treffen (siehe das Beispiel in Abb. 2.1).

Welche Aspekte sollten in dem Entscheidungsprozess überdacht werden?

Alle versus ausgewählte Zieltypen?

Hat man einen vollständigen Zielkatalog mit allen Typen von Zielen (Aufgaben, Leistungs, Ressourcen, Personalentwicklungs, Verhaltens, Innovationsziele und Negativziele) mit dem Mitarbeiter vereinbart und möchte nun alle Ziele durch Zielboni untersetzen, dann hat man sich ein sehr komplexes und administrationsaufwendiges Vergütungssystem geschaffen. Denn alle Zielerreichungsgrade müssen – für den

Abb. 2.1 Relatives Gewicht von Zieltypen

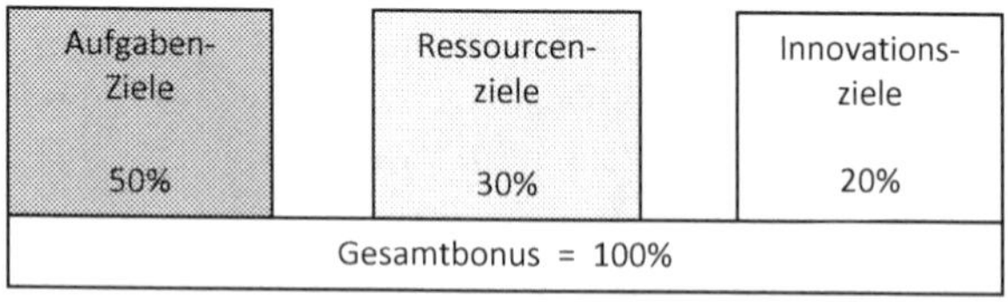

Aufgaben-Ziele 50%	Ressourcen-ziele 30%	Innovations-ziele 20%
Gesamtbonus = 100%		

Mitarbeiter nachvollziehbar und rechtssicher – in Geldgrößen transferiert werden und Eingang in die Vergütung finden.

Weitere Konsequenz des Einbezugs aller Zieltypen ist, dass das prozentuale Gewicht einzelner Ziele damit sehr klein wird. Fraglich ist, ob zu kleine Geldbeträge dann überhaupt noch die erhoffte Motivationswirkung beim Mitarbeiter entfalten.

Diese Überlegungen sprechen eigentlich für eine Beschränkung auf ausgewählte Zieltypen – bevorzugt auf Aufgaben-, Leistungs- und Ressourcenziele. Andererseits schafft man in der Wahrnehmung des Mitarbeiters damit „Ziele erster Klasse" und „Ziele zweiter Klasse". Es besteht die Gefahr, dass nicht vergütungsrelevante Ziele dann nicht mit der gleichen Intensität verfolgt werden.

Quantitative Ziele versus qualitative Ziele

Es ist eine naheliegende Überlegung, nur solchen Zielen Vergütungsrelevanz zu geben, deren Erreichungsgrad eindeutig und in konkreten Zahlen messbar ist. Beispiele wären: Kostensenkungen, Umsatzsteigerungen, Termineinhaltungen, Fehlerquoten, Qualitätsparameter in der Fertigung etc. Diskussionen mit dem Mitarbeiter über das „ob" und das Ausmaß der Zielerreichung erscheinen damit nicht notwendig. Qualitativ formulierte Ziele weisen hinsichtlich der Zielerreichung deutlich höhere Unschärfen auf.

Relativierung Der Erreichungsgrad quantitativ formulierter Ziele ist nur auf den ersten Blick frei von Unschärfen. Will man über Zielboni wirklich die Leistung eines Mitarbeiters würdigen, dann ist die Beurteilungsherausforderung deutlich komplexer. Es sind dabei nämlich drei Leistungsfacetten im Auge zu behalten, die sich zum Teil einer direkten Beobachtbarkeit entziehen. Abb. 2.2 verdeutlicht die Zusammenhänge.

Wie bei einem Eisberg liegt auch bei der Leistung eines Mitarbeiters der größere einschätzungsrelevante Teil eher unsichtbar unter der Wasseroberfläche. Über dem Wasser, damit gut sichtbar und folgerichtig stark im Aufmerksamkeitsfokus des Betrachters, liegen die Leistungs*ergebnisse* (z. B. bei einem Verkäufer der Absatz von 850 Elektrogeräten im Jahr). Eher unter der Wasseroberfläche, und damit oft nicht konsequent genug gestellt, ist die Frage, mit welchem Leistungs*verhalten* dieses Absatzergebnis erzielt wurde. Hat der Verkäufer dazu alle seine Leistungsreserven aktivieren müssen oder dieses Ergebnis eher spielerisch realisiert? Und völlig aus dem Blick gerät mitunter die Frage, unter welchen Leistungs*bedingungen*

Abb. 2.2 Beurteilungsfacetten für menschliche Arbeitsleistung

Leistungs-**ergebnisse**	Leistungs-**verhalten**	Leistungs-**bedingungen**

ein Leistungsergebnis erzielt wurde. 850 abgesetzte Geräte zu Zeiten der Hochkonjunktur und in einem dicht besiedelten, einkommensstarken Verkaufsgebiet sind etwas Anderes als 850 Geräte in Zeiten der Wirtschaftskrise in einer von Arbeitslosigkeit geprägten, dünn besiedelten Region. Die herrschenden Umfeldbedingungen machen eine Zielerreichung leichter oder schwieriger.

Der Zielerreichungsgrad bei quantitativen Zielen spiegelt also nur dann die vom Mitarbeiter erbrachte Leistung angemessen wider, wenn schon bei der Zielvereinbarung das erwartete Leistungs*verhalten* – im Sinne einer Ausschöpfung aller vorhandenen Leistungspotenziale des Mitarbeiters – und die Leistungs*bedingungen* hinreichend berücksichtigt wurden.

Der Vorteil von quantitativen gegenüber qualitativen Zielen ist also nicht so eindeutig, wie er scheint. Hinzu kommt, dass bei einer Nichtberücksichtigung qualitativer Ziele wichtige Erfolgsfaktoren der Organisation dann nicht über Vergütungsanreize gesteuert werden. Zwar lassen sich Ergebnisse zum Beispiel auf den Handlungsfeldern

- Verbesserung des Arbeitgeberimages,
- Hochwertige Kundenberatung,
- Verbesserung der innerbetrieblichen Kooperation

nicht exakt in Zahlen messen, aber wer wollte ihre Wichtigkeit bestreiten?

Daher wird hier – trotz aller messmethodischen Probleme – klar für die Aufnahme qualitativer Ziele in den Katalog vergütungsrelevanter Zieltypen plädiert. Auch schon deshalb, um Mitarbeitern, die auf nicht quantifizierbaren Aufgabenfeldern arbeiten, nicht das Gefühl zu geben, nur „Zielvereinbarungen zweiter Klasse" zu erhalten.

Voraussetzung ist dann aber, dass schon bei der Vereinbarung qualitativer Ziele eine ausführliche, möglichst präzise Beschreibung des „finalen Zustands", der auf einer Stelle erreicht werden soll, erfolgt. Diese ist – nach der Logik von Lastenheften – anzureichern mit der Festlegung möglichst vieler Kriterien, denen eine Lösung oder ein Arbeitsergebnis entsprechen soll. Dies objektiviert die spätere Feststellung des Zielerreichungsgrads und die Festsetzung des Zielbonus.

Personalentwicklungsziele

Bei dieser Zielkategorie bietet sich am ehesten an, auf eine Vergütung der Zielerreichung zu verzichten. Denn die Verbesserung der Qualifikationen liegt nicht nur im Interesse der Organisation, sondern durchaus auch im Eigeninteresse der Mitarbeiter.

Sie

- halten ihre Qualifikationen auf aktuellem Stand und erhalten damit ihre grundsätzliche Arbeitsmarktfähigkeit (= Employability)
- sichern durch ein höheres Qualifikationsniveau ihren eigenen Arbeitsplatz,
- verbessern ihre innerbetrieblichen Aufstiegschancen,
- erschließen sich Optionen für anspruchsvollere, interessantere Tätigkeiten.

Diese Aspekte sollte man der Belegschaft im Rahmen der Vereinbarung von Personalentwicklungszielen auch klar kommunizieren.

2.5 Höhe des zielbasierten Vergütungsanteils

▶ *Entscheidungsbaustein 5: Wie hoch soll und darf prozentual der zielbasierte Anteil an der Gesamtvergütung der Mitarbeiter sein?*

Es geht hier um die Frage, welcher Vergütungsanteil aus Sicht der Mitarbeiter „ins Risiko gestellt" werden soll. Was ist hier Organisationsphilosophie? Was akzeptieren die Mitarbeiter? Was lassen die Tarifverträge zu? Einer Variabilisierung grundsätzlich nicht zugänglich ist bei Tarifmitarbeitern das Grundentgelt.

Sinnvollerweise wird man diese Frage in der Regel nicht organisationseinheitlich beantworten wollen, sondern nach Hierarchieebenen und/oder Organisationsbereichen differenzieren. Wer eine höhere Gesamtvergütung und/oder einen höheren Einfluss auf die Erreichung wichtiger Organisationsziele hat, der kann und muss einen höheren Risikoanteil akzeptieren. In der Hierarchiespitze geht der Anteil zielabhängiger Vergütungsbestandteile im Extrem auch bis zu 60 % – 70 %. Im unteren Hierarchiebereich muss er deutlich niedriger sein. Zielorientierte Vergütung darf allerdings auch dort nicht zur reinen „Pseudoveranstaltung" verkommen.

Ein zielabhängiger Vergütungsbestandteil sollte im absoluten Minimum (!) bei einem Monatsentgelt liegen. Das entspräche etwa 8–10 % an der Gesamtvergütung. Mehr wäre besser, denn schließlich wird dafür einerseits ein aufwendiges System eingeführt und laufend administriert. Die Frage nach dem Aufwand-Nutzen-Verhältnis stellt sich damit ganz nachdrücklich! Und andererseits hat die Vergütungskomponente keine Aufmerksamkeits- und Motivationswirkung, wenn die absoluten Beträge zu klein werden. Leistungsabhängige Vergütungsbestandteile in Höhe von 1 %, wie sie in der Einführungsphase des Tarifvertrags des Öffentlichen Dienstes (TVöD) vorgesehen waren, sind jedenfalls reine Selbstbeschäftigungstherapien.

2.6 Chancen-Risiko-Profil

Entscheidungsbaustein 6: Wie soll die Verteilung von Vergütungschancen und Vergütungsrisiken für den Mitarbeiter aussehen?

Es geht hier um die Frage, wie viel die Mitarbeiter durch das System maximal verlieren und gewinnen können. Aus der Psychologie ist bekannt, dass viele Menschen das *Risiko eines Verlustes* für sich als bedeutsamer einschätzen als die *Chance auf einen Gewinn* in gleicher Höhe. Eine sichere feste Vergütung als „Spatz in der Hand" wird als wertvoller empfunden als „die Taube auf dem Dach" in Form eines möglichen Mehrverdienstes in Kombination mit einem Verlustrisiko (Femppel 2005, S. 38 ff.).

Es sollte also ein Chancen-Risiko-Profil definiert werden, bei dem Mitarbeiter im besten Fall mehr dazugewinnen können, als sie im schlechtesten Fall verlieren können.

Ein vorgegebenes Risikoprofil von beispielsweise 2,3:1 würde bei einem gewollten Maximalbonus von 10.000 € bedeuten, dass der Mitarbeiter ein Verlustrisiko von etwa 4350 € hat (10.000 € : 2,3).

Für die Festlegung des Chancen-Risiko-Profils kann es keine allgemeingültigen Empfehlungen geben. Jede Organisation muss mit Blick auf

- die Risikogeneigtheit ihrer Mitarbeiter,
- die gewachsene Risikokultur in der Organisation und
- die erwünschte Anreizwirkung

diese Relation selbst festlegen. Bei Mitarbeitergruppen, die das Eingehen von Risiken und die Verarbeitung von Fehlschlägen von ihrer Arbeitstätigkeit her gewohnt sind (z. B. Investmentbanker, Entwicklungsingenieure, Verkäufer) kann man ceteris paribus ein gespreizteres Risikoprofil ansetzen, als bei Mitarbeitern, die bei ihrer Tätigkeit eher risikovermeidend agieren müssen (z. B. Qualitätssicherer, Sachbearbeiter in Versicherungen, Controller). Und natürlich kann man auf der Basis eines eher hohen Grundgehalts dem Mitarbeiter einen stärkeren Unterschied bei Risiko und Chance zumuten, als bei einem Grundgehalt, das der Mitarbeiter nahezu vollständig für die eigene Lebenshaltung einsetzen muss.

Will man die Definition unterschiedlicher Chancen-Risiko-Profile für unterschiedliche Mitarbeitergruppen und Organisationsbereiche – und die damit verbundene Systemkomplexität – vermeiden, dann wird man hinsichtlich der Spreizung einen Kompromiss suchen müssen, der für die ganze Organisation tragfähig ist.

Woran orientiert sich der Mitarbeiter bei seinem „empfundenen Verlustrisiko" im Rahmen einer zielbasierten Vergütung? Er wird in aller Regel wohl von einer durchschnittlichen Leistung als imaginären Bezugspunkt ausgehen. Dieser liegt in der Mitte einer Beurteilungsskala. Also muss der Ausgangspunkt für eine *Chancen-Risiko-Adjustierung* immer der Skalenmittelpunkt der zugrundegelegten Beurteilungsskala sein und nicht etwa der Wert für eine vollständige Zielerreichung (=100 %). Bei einer angenommenen Normalverteilung der Zielerreichungsgrade aller Mitarbeiter stellt der mittlere Skalenpunkt den wahrscheinlichsten und damit häufigsten Wert dar.

Beispiel

Legt man zur Zielerreichungsbewertung eine Skala von 0 bis 6 zugrunde, dann ergeben sich 7 Skalenpunkte. Der Wert 3 stellt dann die Mitte der Skala dar. Ist dieser Skalenpunkt für den Mitarbeiter mit einem Zielbonus von 5.000 € verbunden, dann ergibt sich bei einem gewollten Chancen-Risiko-Profil von z. B. 3:1 für den Skalenpunkt 6 ein Betrag von 15.000 €. Im besten Fall kann also der Mitarbeiter diesen Betrag erreichen. Im schlechtesten Fall der vollständigen Zielverfehlung erhält er einen Zielbonus von 0 €. Ausgehend vom Mittelwert der Skala steht also ein maximales Verlustrisiko in Höhe von 5000 € einer Zugewinnchance von 10.000 € gegenüber.

Relativierung In der Praxis nicht unproblematisch ist allerdings die obige Ausgangsannahme, dass sich eine Normalverteilung der Zielerreichungsgrade ergibt und der mittlere Skalenpunkt damit der wahrscheinlichste ist. Werden Ziele tatsächlich „realistisch" vereinbart, dann sollte der 100 %-Wert (= vollständige Zielerreichung) der wahrscheinlichste Wert sein. Vor dem Hintergrund dieser Überlegung, müsste der 100 %-Wert dann doch den Skalenmittelpunkt bilden. Das aber würde dazu führen, dass die Skala relativ viele Skalenpunkte für eine Ziel*über*erfüllung aufweisen müsste. Und dies setzt dann möglicherweise auch wieder einen zu starken Anreiz für den Mitarbeiter, die Ziele schon im Vereinbarungsprozess nach unten zu verhandeln, um die Chance auf eine möglichst starke Zielübererfüllung zu maximieren. Weitere Diskussionen zur Skalengestaltung erfolgen in Abschn. 3.5.

2.7 Besitzstandsgarantien bei Systemeinführung

▶ *Entscheidungsbaustein 7: Sollen zur Systemeinführung den Mitarbeitern Besitzstandsgarantien für ihre Vergütung gegeben werden?*

Diese Frage stellt sich nur, wenn ein bereits existierendes Vergütungssystem in ein zielorientiertes System übergeleitet werden soll.

Gegenstand solcher Besitzstandsregelungen sind Vereinbarungen, dass die Mitarbeiter bei Einführung eines neuen Vergütungssystems

- dauerhaft oder nur für einen bestimmten Zeitraum,
- überhaupt nicht oder nur um einen bestimmten Höchstbetrag

unter ihr bislang erreichtes *nominales* Vergütungsniveau fallen können.

Arbeitnehmervertretungen werden solche Besitzstandsregelungen häufig fordern und ihre Zustimmung zum neuen System vom Umfang der gegebenen Vergütungsgarantien abhängig machen. Vor dem Hintergrund der oben dargelegten grundsätzlichen Risikoaversion vieler Mitarbeiter lässt sich natürlich die Bereitschaft, eine zielorientierte Vergütung zu akzeptieren, deutlich steigern, wenn man die Einführung mit der Botschaft verbindet, dass *„kein Mitarbeiter einen (größeren) Verlust bei seiner bislang erreichten nominalen Vergütung befürchten muss"*.

Damit kann eine Organisation zumindest in Zeiten allgemeiner Vergütungserhöhungen recht gut leben. Denn die *künftigen Anhebungen* der nominalen Basisentgelte sorgen dafür, dass die *aus der Vergangenheit garantierte* nominale Vergütung in einer absehbaren Zahl von Jahren von den neuen Basisentgelten eingeholt wird. Es setzt also ein „Aufzehrungseffekt" für die notwendigen Aufstockungsbeträge ein. Das sind durchaus gewichtige Argumente!

Beispiel

Wandelt man 10 % eines bislang festen Entgelts von 3.000 € in Zielboni um, dann besteht das neue Entgelt aus 2.700 € *Fixvergütung* und 300 € *variabler Vergütung*. Garantiert man den Mitarbeitern gleichzeitig, dass ihr Gesamtentgelt nicht unter die einmal erreichte Nominalvergütung von 3.000 € sinkt, dann genügen weniger als vier Vergütungserhöhungen zu 3 %, damit die neue garantierte Fixvergütung von 2.700 € das garantierte Niveau von 3.000 € erreicht hat.

Gegen solche Besitzstandsregelungen sprechen zwei Aspekte:

- Besitzstandszahlungen schmälern das Geldvolumen, das für Zielboni zur Verfügung steht.
- Sie senden die Botschaft, dass zwar jetzt leistungsorientiert vergütet wird, *„das Ganze aber doch nicht so ganz ernst gemeint ist"*. Ehe das zielorientierte Vergütungssystem überhaupt stabil implementiert ist, durchlaufen die Mitarbeiter diesen eher kontraproduktiven Erkenntnisprozess.

2.8 Zielbonustopf versus Offener Bonus

▶ *Entscheidungsbaustein 8: Wie exakt sollen die durch Zielboni zusätzlich anfallenden Personalkosten begrenzt werden?*

Eine Vergütung nach Zielerreichung wird in aller Regel dazu führen, dass dafür zusätzliche Personalkosten anfallen (näher dazu Abschn. 2.9). Damit stellt sich die Frage, wie wirksam man die Höhe dieser zusätzlichen Kosten steuern und begrenzen möchte. Man hat die Wahl zwischen den grundsätzlichen Alternativen *Zielbonustopf* einerseits und *Offener Zielbonus* andererseits (Fratschner 2005, S. 294 ff.).

Darstellung Zielbonustopf

Zielbonustöpfe zeichnen sich dadurch aus, dass die Organisationsleitung zu Beginn der Zielperiode, im Sinne eines Budgets, einen Betrag festlegt, der für die Ausschüttung von Zielboni maximal zur Verfügung steht. Sinnvollerweise sollte sich die Dotierung des Bonustopfs an einem realistischen Erwartungswert zu den durchschnittlichen Zielerreichungsgraden über alle Mitarbeitergruppen hinweg orientieren. Mitunter werden aber auch ökonomische Zwänge auf Basis der Frage „*Was können oder wollen wir uns leisten?*“ die Dotierungshöhe steuern. Zu entscheiden wäre ferner, ob der Bonustopf auf alle Fälle in voller Höhe zur Ausschüttung kommt oder nur in reduzierter Form, wenn die Mitarbeiter die Ziele nicht in erwartetem Umfang erreichen.

Bewertung Zielbonustopf

Der *Vorteil* dieser Vorgehensweise liegt in der guten Planbarkeit der anfallenden Personalkosten. Das maximale Personalkostenrisiko, das aus dem Zielbonussystem resultiert, ist exakt zu beziffern.

Die *Nachteile* von Zielbonustöpfen finden sich eher auf der motivationalen Seite:

- Je mehr Mitarbeiter ihre Ziele erreichen oder gar übererfüllen, umso kleiner wird der relative Anteil des einzelnen Mitarbeiters am gesamten Bonustopf. Diese Situation ist aus Sicht der Mitarbeiter höchst unbefriedigend.
- Erst nach endgültiger Berechnung *aller* Zielboni kennt der Mitarbeiter den Betrag für seinen Bonus.

Beispiel

Die grundsätzliche Wirkungsweise des ersten Nachteils soll an einem stark vereinfachten Zahlenbeispiel demonstriert werden:

Ausgangsdaten:

- Dotierung Bonustopf: 100.000 €
- Zahl der Mitarbeiter: 5
- Ziele je Mitarbeiter: 4

Periode 1:
Der Mitarbeiter E hat für seine 4 Ziele die Erfüllungsgrade in Tab. 2.1 realisiert. Die Durchschnitte aller 5 Mitarbeiter A bis E zeigt Tab. 2.2.
Der Zielbonus von Mitarbeiter E errechnet sich nun wie folgt:

1. *Schritt:* 100.000 € : 5,35 = 18.692 €
2. *Schritt:* 18.692 € × 1,15 = 21.496 €

Periode 2:
Im Folgejahr erreicht Mitarbeiter E wieder einen Zielerfüllungsgrad von 115 %. Allen anderen Mitarbeitern gelingt eine Steigerung ihres Zielerfüllungsgrades um jeweils 10 %. Tab. 2.3 zeigt die neuen Zielerfüllungsdurchschnitte aller Mitarbeiter.

Als neuer Zielbonus für E errechnet sich nun folgender Betrag:

1. *Schritt:* 100.000 € : 5,75 = 17.391 €
2. *Schritt:* 17.391 € × 1,15 = 20.000 €

Obwohl die absolute Leistung von E gleich geblieben ist, erhält er einen fühlbar geringeren Zielbonus. Dies dürfte ihm nur schwer zu vermitteln sein.

Tab. 2.1 Erfüllungsgrade

Ziel 1	Ziel 2	Ziel 3	Ziel 4	Durchschnitt
130 % (1,3)	110 % (1,1)	80 % (0,8)	140 % (1,4)	115 % (1,15)

Tab. 2.2 Durchschnitte aller 5 Mitarbeiter

A	B	C	D	E	Σ
1,1	0,8	1,0	1,3	1,15	5,35

Tab. 2.3 Zielerfüllungsdurchschnitte aller Mitarbeiter

A	B	C	D	E	Σ
1,2	0,9	1,1	1,4	1,15	5,75

Darstellung Offener Zielbonus

Offene Zielbonussysteme honorieren dagegen ohne Einschränkung den Zielerfüllungsgrad jedes einzelnen Mitarbeiters bis zum oberen Begrenzungspunkt der zugrundegelegten Skala. Eine Abhängigkeit der individuellen Bonushöhe von den Zielerreichungsgraden anderer Beschäftigter gibt es nicht. Jeder Mitarbeiter wird isoliert betrachtet.

Bewertung Offener Zielbonus

Die *Vorteile* liegen in der starken Anreizwirkung für materiell motivierbare Mitarbeiter. Die oben beim Bonustopfsystem beschriebenen Wirkmechanismen mit ihren negativen Effekten auf die Motivation treten hier nicht auf. Es gibt für den Mitarbeiter eine eindeutige Verbindung zwischen seinem persönlichen Zielerfüllungsgrad und seinem persönlichen Zielbonus.

Der *Nachteil* dieses Systems liegt in der geringen Planbarkeit der Personalkosten für die Organisation. Wenn entgegen vorheriger Erwartungen viele Mitarbeiter ihre Ziele erreichen oder gar übererfüllen, dann kommt es zu einem gravierenden Personalkostenschub. Das wäre dann nicht problematisch, wenn die hohen Zielerreichungsgrade mit sofortiger Wirkung über verbesserte Organisationsergebnisse refinanziert würden. Davon ist aber nicht immer auszugehen. Denn manche Ziele schlagen sich nur begrenzt und/oder zeitverzögert in verbesserten Geschäftsergebnissen nieder.

2.9 Finanzierungsquellen

▶ *Entscheidungsbaustein 9: Welche alternativen Wege stehen zur Finanzierung der Zielboni zur Verfügung?*

Grundsätzlich sind vier Finanzierungswege vorstellbar (Eyer und Haussmann 2014, S. 80 ff.). Diese lassen sich in einer Matrix mit den Beschreibungsdimensionen „*Personalkostenrisiko*" und „*Arbeitsrechtliche Hürden*" wie in Abb. 2.3 platzieren.

Option 1: Umwidmung bereits existierender variabler Vergütungsbestandteile
Möglicherweise existieren in der Organisation bereits variable Vergütungsbestandteile, wie z. B. ein vergütungswirksames Leistungsbeurteilungssystem oder eine Prämienentlohnung. Diese variablen Bestandteile können zu Gunsten eines Umbaus in ein Zielbonussystem aufgelöst werden. Nutzt man die frei werdenden Geldbeträge zur Dotierung eines Zielbonustopfs, dann handelt es sich um einen kostenneutralen Umbau des Vergütungssystems.

Wurden die bisherigen variablen Vergütungsbestandteile rein auf freiwilliger Basis gewährt und existiert ein wirksamer Freiwilligkeits- oder Widerrufsvorbehalt, dann ist der Umbau ohne größere arbeitsrechtliche Risiken möglich. Der Arbeitgeber kann über die Mittelverwendung autonom entscheiden. Schwieriger wird es, wenn die bisherigen variablen Bestandteile auf Basis von Arbeitsverträgen, Tarifverträgen oder Betriebsvereinbarungen gewährt werden. Zähe Verhandlungen

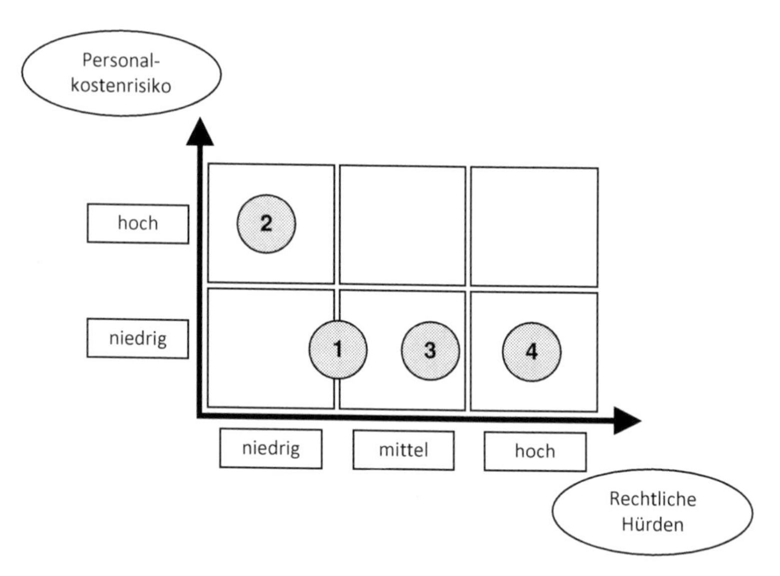

Abb. 2.3 Finanzierungsoptionen für Zielboni

zum Umbau des Vergütungssystems sind dann nicht zu vermeiden. Hilfreich ist dabei auf alle Fälle das Argument, dass es für die Gesamtheit aller Mitarbeiter nicht zur Ausschüttung einer geringeren variablen Vergütungssumme als in den Vorjahren kommen wird. Der Arbeitgeber sollte glaubhaft kommunizieren, dass es ihm um eine höhere Steuerungswirkung der variablen Vergütung und nicht um eine „verkappte Sparaktion" bei den Personalkosten zu Lasten der Belegschaft geht.

Option 2: Zusatzbudget mit Selbstfinanzierungseffekt

Es wird hier für die Zielerreichung ein Zusatzbudget zur Verfügung gestellt. Dahinter steht die Erwartung, dass sich die zusätzlich ausgeschütteten Zielboni zumindest mittelfristig über Mehrleistungen der Mitarbeiter und verbesserte Geschäftsergebnisse im Minimum selbst refinanzieren, idealerweise eine positive Rendite abwerfen. Arbeitsrechtliche Risiken existieren nicht. Mitarbeiter und Betriebsräte werden sich kaum gegen eine zusätzliche Möglichkeit zur Erhöhung der Vergütung sperren. Die Organisation trägt allerdings das betriebswirtschaftliche Risiko einer Personalkostenerhöhung, ohne dass es zu einer kompensierenden Verbesserung von Geschäftsergebnissen kommt.

Option 3: Umwidmung von Vergütungserhöhungen

Über einen mehrjährigen Zeitraum werden Vergütungserhöhungen nicht an die Mitarbeiter ausgezahlt, sondern die Beträge werden vollständig oder auch nur zum Teil genutzt, um einen Zielbonustopf zu dotieren. Die Mitarbeiter müssen damit keine Reduktionen bei den Nominalbeträgen ihrer fixen Vergütungen hinnehmen. Trotzdem wird auf diese Weise schrittweise ein fixes Vergütungssystem durch einen variablen Bestandteil erweitert.

Die *Vorteile* dieser Verfahrensweise liegen zum einen in der Kostenneutralität im Hinblick auf die anfallenden Personalkosten und zum anderen in dem relativ „behutsamen" Umbau des Vergütungssystems hin zu höherer Variabilität.

In dem zweiten Vorteil liegt aber zugleich auch ein möglicher Nachteil. Der Umbauprozess zieht sich über mehrere Jahre hin. Diesen Zeitraum wird man veranschlagen müssen, bis über die Umwidmung von Vergütungserhöhungen der Bonustopf mit einer hinreichend großen Budgetsumme dotiert ist. Eine zu lange Ausdehnung von Veränderungsprozessen ist immer mit der Gefahr verbunden, dass die Mitarbeiter ihnen keine Aufmerksamkeit mehr entgegenbringen und sie damit auch nur noch begrenzte Motivationseffekte haben.

Unter arbeitsrechtlichen Aspekten bietet sich diese Verfahrensweise bevorzugt für nicht tarifgebundene Organisationen oder für die Mitarbeitergruppe der *Außertariflichen Angestellten* an. Nur dort bestehen wegen des tendenziellen Freiwilligkeitscharakters von Vergütungserhöhungen die notwendigen Freiräume für ihre Umwidmung in einen Zielbonus. In tarifgebundenen Organisationen werden die Gewerkschaften auf einer ungekürzten Auszahlung von Vergütungserhöhungen an die Mitarbeiter bestehen. Verhandlungsbereitschaft darüber wird man wohl nur induzieren können, wenn man als Arbeitgeber zusätzlich noch ein weiteres Budget für Zielboni (siehe Option 2) in Aussicht stellt.

Option 4: Umwandlung fixer Zusatzleistungen in variable Vergütungsbestandteile

In nahezu jeder Organisation existieren in mehr oder weniger großem Umfang fixe Zusatzleistungen oder Sozialleistungen, die ergänzend zur monatlichen Vergütung gewährt werden. Dies beginnt bei einer freiwilligen übertariflichen Bezahlung, erstreckt sich weiter über das 13./14. Monatsgehalt und das Urlaubsgeld bis hin zu verbilligten Werkswohnungen, Zuschüssen zur Alterssicherung, Essens-/Fahrgeldzuschüssen oder kollektiven Leistungen wie Sportangeboten oder gar Werksbibliotheken. Ohne Frage sind viele dieser Zusatzleistungen sinnvoll und können auch motivationale Kraft entfalten. Andererseits ist aber gerade in älteren Organisationen auch vielfach im Laufe der Zeit ein Wildwuchs von Zusatzleistungen entstanden, die zwar zu Kosten führen, aber nicht mehr zeitgemäß sind oder kaum noch Motivationseffekte.

Sie stellen ein interessantes finanzielles Reservoir dar, bei dem man konsequent über alternative Verwendungen nachdenken sollte. Sofern keine rechtliche Verpflichtung zur Gewährung besteht, kann die Umwandlung in ein Budget für Zielboni erfolgen. Damit steht wieder eine personalkostenneutrale Finanzierungsquelle zur Verfügung. Man kann damit auch eine Chance nutzen, das im Laufe der Zeit entstandene und verwaltungsintensive Sammelsurium an Zusatz- und Sozialleistungen wieder einzusammeln, betragsmäßig zu bündeln und eher leistungsorientiert neu auszurichten. Zudem würden damit auch fixe Vergütungsbestandteile variabilisiert werden.

Viele dieser Zusatzleistungen werden aber in der Praxis einer rechtlichen Gewährungspflicht unterliegen, so dass die rechtlichen Hürden für eine Umwandlung recht hoch sind. Aber selbst wenn das nicht der Fall ist, sollte der Widerstand der Belegschaft nicht unterschätzt werden. Denn durch diese Systemänderung werden auf der materiellen Ebene etliche Gewinner, aber eben auch etliche Verlierer entstehen. Insofern steht wieder die Überlegung im Raum, ob nicht die zusätzliche Bereitstellung eines Budgets für Zielboni die Akzeptanz für diese Veränderung steigern könnte. Auf alle Fälle würde die Organisation damit eindeutig demonstrieren, dass es nicht darum geht, „den Mitarbeitern etwas wegzunehmen", sondern um eine leistungsorientierte Neuausrichtung der Vergütung.

2.10 Kopplung mit Leistungsbeurteilung

▶ *Entscheidungsbaustein 10: Soll eine Kopplung der zielbasierten Vergütung mit einem klassischen Leistungsbeurteilungsverfahren erfolgen?*

Viele Organisationen machen den variablen Vergütungsanteil nur zu einem bestimmten Prozentsatz von der *Zielerreichungsbeurteilung* abhängig. Der komplementäre Prozentsatz zu 100 % ergibt sich aus einer Beurteilung des *Leistungsverhaltens*. Dazu werden klassische Leistungsbeurteilungsverfahren eingesetzt. Der Mitarbeiter wird dann im Hinblick auf typische Arbeitsverhaltenskriterien wie z. B. Zuverlässigkeit, Arbeitspräzision, Kommunikationsverhalten, Kundenorientierung, Innovationsaktivitäten etc. beurteilt.

Die Logik dahinter: Es ist vorstellbar, dass der Mitarbeiter trotz guten Arbeitsverhaltens seine Ziele nicht in vollem Umfang erreicht bzw. seinen möglichen Zielbonus mit Abstand nicht ausschöpft. Das kann z. B. daran liegen, dass ungünstige Rahmenbedingungen herrschen oder dass er mit seinem Zielbonus auch von der Erreichung von Teamzielen und/oder Organisationszielen abhängt und diese nicht realisiert werden konnten. Zudem wird über Ziele immer nur ein Teil des Arbeitsgebietes abgedeckt. Der andere Teil bleibt unbeurteilt. Für solche Defizite oder ungünstige Entwicklungen kann mit einem zusätzlichen Leistungsbeurteilungsverfahren ein Gegengewicht gesetzt werden.

Bewertung

Zwar sind diese Argumente durchaus nachvollziehbar. Trotzdem wird dringend von einem Parallelbetrieb von Zielbonussystem und vergütungswirksamer Leistungsbeurteilung abgeraten. Es werden damit zwei Beurteilungsverfahren nebeneinander eingesetzt. Das ist vom zeitlichen und administrativen Aufwand her kaum zu rechtfertigen. Für den Mitarbeiter werden sich die beiden Beurteilungsgespräche eher verwirrend, weil inhaltlich überlappend, darstellen. Vorgesetzte werden zudem versucht sein, schwache Ergebnisse bei der Zielerfüllung durch gute Beurteilungen bei der Leistungsbeurteilung zu kompensieren, um dem Mitarbeiter einen akzeptablen variablen Vergütungsbestandteil zukommen zu lassen. Das wäre dann eine neue Variante der „Flucht in die Mitte“ im Rahmen von Mitarbeiterbeurteilungen.

3 Detailentscheidungen bei zielbasierten Vergütungssystemen

3.1 Maximalbonus je Mitarbeiter

▶ *Entscheidungsbaustein 11: Wie hoch soll der maximal erzielbare Zielbonus je Mitarbeiter sein?*

Es muss für jeden einzelnen Mitarbeiter konkret festgelegt werden, wie hoch sein variabler Vergütungsanteil sein soll. Gedanklicher Ausgangspunkt ist dabei die Höhe der fixen Vergütung. Welcher Geldbetrag soll nun für den einzelnen Mitarbeiter über Zielboni maximal zusätzlich realisierbar sein, wenn er in der Zielerreichungsbewertung den höchsten möglichen Punkt auf der Bewertungsskala erreicht?

Grundsätzlich kann dieser Wert entweder über einen *prozentualen Aufschlag* auf die Fixvergütung oder als *Absolutbetrag* definiert werden.

Option 1: Prozentualer Aufschlag

Der Weg über prozentuale Aufschläge hat den Vorzug, dass bei einer Veränderung der fixen Vergütung – etwa bei Tariferhöhungen – in der Gesamtvergütung des Mitarbeiters die Relation zwischen Fixvergütung und Zielbonus immer gleich bleibt. Dies führt andererseits aber auch sofort zu Personalkostenschüben bei den *variablen Entgelten*, sobald sich die *Fixentgelte* erhöhen. Diese Parallelität kann durchaus sinnvoll sein, wenn der Auslöser für die Entgelterhöhung ein gewollter Inflationsausgleich ist. Er sollte dann beide Vergütungsbestandteile gleichermaßen betreffen.

K. Watzka, *Zielbasiert vergüten*, essentials,
DOI 10.1007/978-3-658-13160-9_3

Option 2: Absolutbetrag

Will man diese enge Kopplung zwischen fixer und variabler Vergütung vermeiden, dann muss man den maximalen Zielbonus als *absoluten Betrag* definieren. Entscheidungen über seine gewollte Höhe können dann eher losgelöst von der Entwicklung der Fixvergütungen getroffen werden. Zudem ist es auch leichter möglich, verschiedenen Mitarbeitern – trotz unterschiedlicher Fixvergütungen – Zielboni in identischer Höhe anzubieten.

Entscheidungskriterien für Maximalbonus

In einer pragmatischen Vorgehensweise sollte man zwecks Festlegung der maximalen Bonushöhe die Mitarbeiter in Gruppen einteilen. Relevante Einteilungskriterien sind dabei:

- Hierarchieebene
- Bedeutung der Zielerreichung für den Organisationserfolg
- Arbeitsmarktpolitische Notwendigkeit für die Zielboni

Tendenziell wird mit steigender Hierarchieebene sowohl der relative Anteil des Zielbonus an der Gesamtvergütung, als auch seine absolute Höhe ansteigen. Man unterstellt dabei, dass Mitarbeiter auf höheren Hierarchieebenen zum einen eine höhere Gesamtvergütung haben und daher einen höheren variablen Anteil tolerieren müssen und können. Und zum anderen haben ihre Arbeitsergebnisse in aller Regel einen stärkeren direkten Einfluss auf den Erfolg der Gesamtorganisation.

Von diesem grundsätzlichen Zusammenhang gibt es aber auch Ausnahmen. So ist beispielsweise vorstellbar, dass einem hoch spezialisierten Einkäufer auf Sachbearbeiterebene arbeitsmarktbedingt eine deutlich höhere Gesamtvergütung und auch ein höherer Zielbonus gewährt werden muss als Führungskräften auf den unteren Hierarchieebenen. Und zudem wird er mit seinen Aktivitäten auch das Organisationsergebnis unmittelbarer und stärker als diese beeinflussen können. Es ist daher sinnvoll, die Mitarbeiter auch noch nach den Kriterien „Bedeutung der Zielerreichung für den Organisationserfolg“ und „Arbeitsmarktpolitische Notwendigkeit von Zielboni“ zu gruppieren.

Diese beiden Kriterien können nun (beispielsweise) auf einer Fünfer-Skala eingeschätzt werden:

1 = sehr gering
2 = eher gering
3 = mittel
4 = eher hoch
5 = sehr hoch

Indexpunkte →	2 - 3	4 - 5	6 - 7	8 - 10
Hierarchieebene ↓				
Sachbearbeiterebene	3.000 €	4.500 €	7.000 €	10.000 €
Höhere Sachbearbeiter-ebene	4.500 €	7.000 €	10.000 €	15.000 €
1. Führungsebene	8.000 €	12.000 €	16.000 €	20.000 €
2. Führungsebene	15.000 €	20.000 €	25.000 €	30.000 €
3. Führungsebene	30.000 €	40.000 €	50.000 €	60.000 €
Geschäftsleitung	80.000 €	100.000 €	120.000 €	150.000 €

Abb. 3.1 Gruppierungsmatrix für maximale Zielboni

Um den gesamten Gruppierungsansatz nicht zu komplex werden zu lassen, kann man die in den Kriterien zwei und drei erzielten Punktwerte additiv zu einem Indexwert zusammenfassen.

Als Ergebnis der vorgetragenen Gruppierungsüberlegungen lassen sich alle Mitarbeiter in einer Matrix einordnen, aus der die maximale Höhe des Zielbonus abzulesen ist. Abb. 3.1 zeigt ein Beispiel.

Die Kopfzeile mit der Bezeichnung „Indexpunkte“ vereinigt additiv die Bewertungen für die Kriterien „Bedeutung der Zielerreichung für den Organisationserfolg“ und „Arbeitsmarktpoltische Notwendigkeit von Zielboni“.

3.2 Bezugsgrößen des Zielbonus

▶ *Entscheidungsbaustein 12: An welchen Zielebenen soll die Gewährung von Zielboni festgemacht werden (= Bezugsgrößen)?*

Grundsätzlich bieten sich in einer Organisation als Bezugsgrößen für Zielboni die folgenden drei an:

- Erreichung von individuellen Zielen einzelner Mitarbeiter,
- Erreichung von Gruppen-/Teamzielen,
- Erreichung von Gesamtorganisationszielen.

Es muss nicht zwangsläufig bei diesen drei Bezugsgrößen bleiben. Ein Zielbonus kann grundsätzlich an der Zielerreichung jeder übergeordneten organisatorischen Einheit festgemacht werden, der ein Mitarbeiter angehört (z. B. Abteilung, Hauptabteilung, Direktionsbereich, Werksstandort, Division etc).

Um jedoch die Komplexität des Systems nicht zu groß werden zu lassen und die Transparenz für den Mitarbeiter zu erhalten, empfiehlt sich eine Begrenzung auf maximal drei Bezugsgrößen. Sinnvollerweise sind sie organisationsindividuell nach der Frage festzulegen, auf welchen Ausschnitt der Aufbauorganisation man das Leistungsverhalten der Mitarbeiter besonders ausrichten möchte.

Gründe für mehrere Bezugsgrößen

Insbesondere zwei Argumente sprechen für den Einbezug mehrerer Bezugsgrößen:

1. Werden Zielboni nur an der Erreichung von Individualzielen festgemacht, dann besteht die Gefahr, dass sich Mitarbeiter nur auf die Erreichung der eigenen Stellenziele konzentrieren und darüber die Belange der übergeordneten organisatorischen Einheiten völlig aus dem Blick verlieren. Im Extremfall könnte eine Optimierung der individuellen Ziele zu Lasten der Abteilungsziele oder der Gesamtorganisation stattfinden („Ressortegoismus"). Zusätzliche Bezugsgrößen schieben dagegen auch die Optimierung von Abläufen und Ergebnissen in übergeordneten organisatorischen Einheiten in den Aufmerksamkeitsfokus des Mitarbeiters.
2. Mehrere Bezugsgrößen können die Funktion von „automatischen Stabilisatoren" übernehmen. Erreicht der Mitarbeiter auf seiner Stelle wegen ungünstiger Rahmenbedingungen seine Ziele nicht, dann kann er zumindest noch von der Erreichung der Ziele übergeordneter Einheiten profitieren. Es ergibt sich dann möglicherweise eine *motivationsstabilisierende Wirkung*. Umgekehrt ergibt sich eine *kostenstabilisierende Wirkung*, wenn der Mitarbeiter zwar seine Stellenziele erreicht, aber die übergeordnete organisatorische Einheit oder die Gesamtorganisation ihre Ziele verfehlt. Die in diesem Fall anfallenden Personalkosten würden begrenzt werden.

Gründe gegen mehrere Bezugsgrößen
Gegen den Einbezug mehrerer Bezugsgrößen sprechen folgende Argumente:

1. Die Erreichung der Ziele einer höher angesiedelten Organisationseinheit kann der einzelne Mitarbeiter durch sein Handeln oft nur sehr begrenzt beeinflussen. Ein unmittelbarer Zusammenhang zwischen eigenem Verhalten und Anreizgewährung ist damit nur bedingt gegeben. Das Bonussystem wird handlungsferner. Damit lässt auch seine Motivationskraft nach.
2. Das Bonussystem wird komplexer, damit administrativ aufwendiger und für den Mitarbeiter intransparenter. Von den Ergebnissen her ist es kommunikativ schwerer vermittelbar.

3.3 Bezugsgrößengewichtung

► *Entscheidungsbaustein 13: Wie soll der Gesamtbonus auf die einzelnen Bezugsgrößen verteilt werden (= Bezugsgrößengewichtung)?*

Entscheidet man sich für mehrere Bezugsgrößen, dann stellt sich die Frage nach deren relativem Gewicht. Wie viel Prozent seines maximal erzielbaren Gesamtbonus soll der Mitarbeiter also auf Basis der Erreichung seiner individuellen Stellenziele, wie viel durch die Erreichung von Gruppen-/Teamzielen oder Organisationszielen erhalten können? Abb. 3.2 zeigt ein Verteilungsbeispiel.

Je höher das relative Gewicht der Organisationsziele ausfällt, desto stärker bewegt sich das System weg von einem individuellen Vergütungsansatz hin zu einem Erfolgsbeteiligungssystem. Dies gilt umso mehr, je stringenter die Organisationsziele in Form von klassischen Erfolgszielen formuliert sind (Bilanzgewinn, EBIT, Umsatz, Cash Flow etc.). Bei entsprechender Ausgestaltung kann also ein Zielbonussystem auch die Funktionen eines Erfolgsbeteiligungssystems mit abdecken.

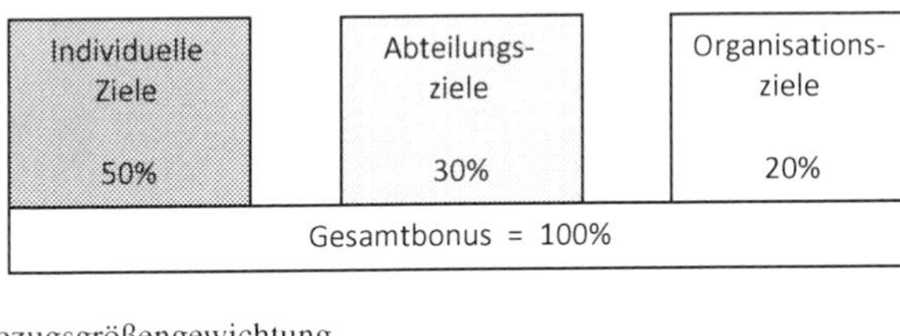

Abb. 3.2 Bezugsgrößengewichtung

3.4 Bezugsgrößenverknüpfung

▶ *Entscheidungsbaustein 14: Auf welche Art können die Bezugsgrößen miteinander verknüpft werden?*

Bei mehreren Bezugsgrößen stellt sich neben ihrem relativen Gewicht zusätzlich die Frage nach der Art ihrer Verknüpfung.
Grundsätzlich möglich sind (Eyer und Haussmann 2014, S. 91 ff.):

- additive Verknüpfung,
- multiplikative Verknüpfung,
- Kombination beider Ansätze.

Additive Verknüpfung
Bei diesem Ansatz werden die Bezugsgrößen völlig getrennt voneinander betrachtet. Je Bezugsgröße wird vorab ein erreichbarer Zielbonus für eine Zielerreichung von 100 % festgelegt. Nach der Zielverfolgungsperiode wird jeweils separat festgestellt, inwieweit die Ziele innerhalb der einzelnen Bezugsgrößen erreicht wurden. Der Gesamtbonus eines Mitarbeiters ergibt sich dann durch einfache Addition der Boni aus den unterschiedlichen Bezugsgrößen.

Das Beispiel in Tab. 3.1 verdeutlicht an einem Zahlenbeispiel nochmals selbsterklärend den Funktionsmechanismus.

Bewertung
Die Vorteile der additiven Verknüpfung liegen in der einfachen, leicht verständlichen und damit auch gut kommunizierbaren Struktur. Zwischen den Bezugsgrößen existieren keinerlei Beeinflussungsbeziehungen. Das ist Vorteil und Nachteil zugleich. Denn die Zahlung von Boni aufgrund individueller Zielerreichungen wird in voller Höhe möglich, obwohl das gesamte Team oder die Abteilung oder die

Tab. 3.1 Additive Verknüpfung von Bezugsgrößen – Zahlenbeispiel

	Individualziele	Teamziele	Organisationsziele
Zielbonus je Bezugsgröße für 100 % Zielerreichung	5.000 €	2.000 €	2.000 €
Zielerreichungsgrad	110 %	120 %	80 %
Zielbonus je Bezugsgröße	5.500 €	2.400 €	1.600 €
Gesamter Zielbonus	**9.500 €**		

Gesamtorganisation ihre Ziele verfehlt haben. Die individuelle Zielbonifizierung ist zwar ein Motivator für leistungsstarke Mitarbeiter, aber aus Sicht der Organisation ergibt sich ein ökonomisch fragwürdiges Ergebnis. Trotz Nichterreichung von Zielen auf den höheren Organisationsebenen fallen nämlich ungeschmälerte finanzielle Belastungen durch individuelle Zielboni an.

Multiplikative Verknüpfung:
Bei diesem Ansatz werden bewusst wechselseitige Beeinflussungsbeziehungen zwischen den Bezugsgrößen hergestellt. Das Ergebnis einer Bezugsgröße kann durch die Ergebnisse der anderen Bezugsgrößen im Sinne einer Verstärkung oder Abschwächung korrigiert werden. Rechentechnischer Ausgangspunkt ist dabei der Gesamtbonus, den der Mitarbeiter erhalten kann, wenn er bei allen Bezugsgrößen einen Zielerreichungsgrad von 100 % realisiert (siehe Abb. 3.3).

Greift man das Zahlenbeispiel aus Tab. 3.1 nochmals auf und wendet eine multiplikative Verknüpfungslogik an, dann ergibt sich bei dieser Zahlenkonstellation ein nahezu identisches Ergebnis wie bei der additiven Verknüpfung (Tab. 3.2).

Die Ergebnisse driften jedoch sehr deutlich auseinander, wenn man unterstellt, dass die Organisationsziele nur zu 60 % erreicht werden. Bei der *additiven Verknüpfung* reduziert sich der Gesamtbonus des Mitarbeiters dadurch nur um 400 € auf 9100 €, da sich der Teilbonus für die Organisationsziele von 1.600 € (für 80 %) auf 1.200 € (für 60 %) reduziert. Bei der *multiplikativen Verknüpfung* ergibt sich folgendes Ergebnis:

$$9.000\,€ \times 1{,}1 \times 1{,}2 \times 0{,}6 = 7.128\,€$$

Aufgrund der nur sehr eingeschränkten Erreichung der Organisationsziele kommt es zu einer viel deutlicheren Reduzierung des Gesamtbonus.

Bewertung
Die Ergebnisse aus den Zahlenbeispielen zeigen einen grundsätzlichen Mechanismus der multiplikativen Verknüpfung: Je stärker sich die Zielerreichungsgrade von 100 % weg bewegen, desto stärker werden auch die einsetzenden Korrekturwirkungen. Das

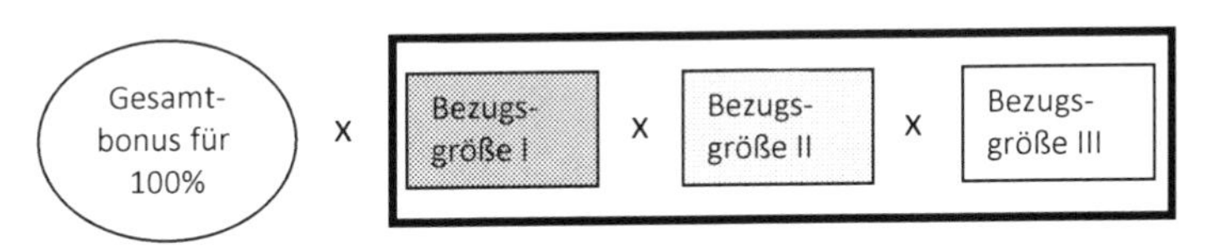

Abb. 3.3 Multiplikative Verknüpfung von Bezugsgrößen

Tab. 3.2 Multiplikative Verknüpfung von Bezugsgrößen – Zahlenbeispiel

	Individualziele	Teamziele	Organisationsziele
Zielbonus je Bezugsgröße für 100 % Zielerreichung	5.000 €	2.000 €	2.000 €
Gesamter Zielbonus bei 100 % Zielerreichung	9.000 €		
Zielerreichungsgrad	110 % (=1,1)	120 % (=1,2)	80 % (=0,8)
Verknüpfungsrechnung	9.000 € × 1,1 × 1,2 × 0,8 =		
Gesamter Zielbonus	**9.504 €**		

Verfahren produziert also über den Multiplikationsmechanismus bei sehr niedrigen oder sehr hohen Zielerreichungsgraden extreme Ergebnisse.

Im Extremfall sorgt eine komplette Zielverfehlung bei einer Bezugsgröße dafür, dass der Mitarbeiter einen Zielerreichungsgrad von 0 % hat. Rechentechnisch wird damit bei einer multiplikativen Verknüpfung das gesamte Produkt gleich „Null", wenn einer der Faktoren den Wert „Null" annimmt. Der Mitarbeiter erhält dann überhaupt keinen Zielbonus, selbst wenn er bei den anderen Bezugsgrößen Zielerfüllungsgrade weit über 100 % aufweisen sollte.

Dieses extreme Ergebnis kann man sich lediglich bei einer kompletten Verfehlung der Organisationsziele vorstellen. Die Organisation soll dann davor geschützt werden, Zielboni für die Erreichung von Stellen- und Teamzielen ausschütten zu müssen, obwohl die Zahlen für wichtige Erfolgsgrößen „tiefrot" sind. Für diese Logik wird die Belegschaft in aller Regel Verständnis aufbringen.

Andere Kombinationen sind dem Mitarbeiter dagegen kaum vermittelbar. Den Gesamtbonus auf Null zu setzen, wenn zwar individuelle Stellenziele und auch Organisationsziele in hohem Umfang erreicht wurden, jedoch Abteilungsziele komplett verfehlt wurden, wird kaum auf Akzeptanz stoßen. Es ist schon problematisch genug, einem Mitarbeiter eröffnen zu müssen, dass zwar auf Stellen- und Abteilungsebene die Ziele erreicht wurden, aber es aufgrund der Nichterreichung der Organisationsziele zu einem kompletten Bonusentfall kommt.

Abmildern könnte man diese Extremsituation, indem rechentechnisch auch bei einer vollständigen Zielverfehlung bei einer Bezugsgröße ein bestimmter Basismultiplikator, z. B. 0,3, festgelegt wird, der nicht unterschritten werden kann. Auch bei einer Komplettverfehlung der Gesamtorganisationsziele bleibt dadurch aus motivationalen Gründen für die Mitarbeiter eine Gewährungschance zumindest für einen kleinen Bonus erhalten.

Der Vollständigkeit halber sei noch erwähnt, dass man gerade bei der multiplikativen Verknüpfung das Zielbonussystem sehr leicht einem Erfolgsbeteiligungssystem annähern kann. Bei der Verfehlung zentraler Erfolgsziele auf der Gesamtorganisationsebene drückt einerseits der dargestellte Korrektureffekt den Zielbonus deutlich nach unten – im Extremfall bis auf Null. Wenn man andererseits rechentechnisch aber auch hohe Zielerfüllungsgrade bei den Organisationszielen zulässt – z.B. 200 % oder gar 300 %-, dann wirkt dieser Gestaltungsparameter als kräftiger Multiplikator auf die Zielboni aus den anderen Bezugsgrößen.

Kombinationen:
Additive und multiplikative Verknüpfungsregel können auch in Kombination eingesetzt werden. Man kann dadurch gezielt die Unabhängigkeit einzelner Bezugsgrößen wahren oder eben gezielt Wechselwirkungen zwischen ihnen zulassen. Besonders sinnhaft sind folgende Kombinationen:

- **Variante 1:**
  (Individualziel + Abteilungsziel) x Organisationsziel

Die Logik dahinter: Die Erreichung von Stellenzielen und Abteilungszielen sollen getrennt honoriert werden. Die tatsächlich ausgeschüttete Bonussumme soll aber stark vom Erfolg der Gesamtorganisation abhängig gemacht werden. Der Erfolgsbeteiligungsgedanke nimmt hier einen breiten Raum ein. Von der Vergütungsphilosophie her wird dem Gesamterfolg der Organisation das Primat eingeräumt.

- **Variante 2:**
  (Organisationsziel + Abteilungsziel) x Individualziel

Die Logik dahinter: Die Mitarbeiter partizipieren zwar am Erfolg der übergeordneten Einheiten. In welchem Umfang dies geschieht, soll aber bei dieser Vergütungsphilosophie stark von der individuellen Leistung abhängig gemacht werden.

In Gesamtschau können multiplikative Verknüpfungen und Kombinationsmodelle eine differenziertere Steuerungswirkung auf das Leistungsverhalten der Mitarbeiter entfalten. Sie sind aber andererseits schwerer kommunizierbar und auch potenziell konfliktträchtiger.

3.5 Bewertungsskala

▶ *Entscheidungsbaustein 15: Wie kann eine Skala zur Messung der Zielerreichungsgrade aussehen?*

Hat ein Mitarbeiter sein Ziel vollständig erreicht? Hat er es nicht erreicht? Ist es nur zum Teil erreicht oder vielleicht sogar übererfüllt worden? Zu welchem Teil?

Bei der Beantwortung dieser Fragen sollte es möglichst wenige Unschärfen geben. Daher ist wichtig, dass schon bei der Zielformulierung – also im Vorfeld – eindeutige Kriterien definiert und dokumentiert werden, an denen später die Zielerreichung, Teilerreichung oder Zielverfehlung festgemacht wird.

Speziell, wenn in der Organisation auch nach Zielerreichungsgraden vergütet werden soll, müssen unterschiedliche Grade der Zielerreichung gemessen werden. Das führt zur Notwendigkeit, eine Einstufungsskala zu definieren (Watzka 2016, Abschn. 10.4).

Problem der Skalenlänge

Bei der Festlegung aller Skalen, die im weitesten Sinne zur Einschätzung der Leistung von Mitarbeitern eingesetzt werden sollen, bewegt man sich immer im Spannungsfeld zwischen Leistungsgerechtigkeit einerseits und Messgenauigkeit/ Differenzierungsvermögen andererseits.

Im Sinne einer hohen Leistungsgerechtigkeit wäre eine lange Skala mit vielen Skalenpunkten angezeigt. Sie gestattet eine differenzierte Abstufung zwischen den unterschiedlichen Zielerreichungsgraden unterschiedlicher Mitarbeiter. Aber nur theoretisch. Denn rein praktisch wird der einschätzende Vorgesetzte schnell an die Grenzen seines Differenzierungsvermögens kommen. Und bei vielen Zielen – speziell, wenn sie nicht quantitativ formuliert werden können – wird die genaue Feststellung des Zielerreichungsgrades mit größeren Unschärfen behaftet sein. Wie z. B. sollte bei einem Logistiker das Ziel *„Verbesserung der Kommunikationsstrukturen mit den Zulieferern“* und wie bei einem Teamleiter in der Fertigung das persönliche Entwicklungsziel *„Bessere Einbindung unterstellter Mitarbeiter in Entscheidungen“* in sehr vielen Abstufungen präzise gemessen werden?

Lange Skalen mit vielen Skalenpunkten produzieren allenfalls Pseudogenauigkeit. Gesucht wird also ein sinnvoller Kompromiss zwischen leistungsgerechten Abstufungsmöglichkeiten einerseits und hinreichend genauer tatsächlicher Messbarkeit des Zielerreichungsgrads andererseits.

Hinter dem zweiten Aspekt steht auch die Frage, ob ein Vorgesetzter seine Einstufung dem Mitarbeiter gegenüber auch schlüssig und nachvollziehbar begründen kann. Bei einer zu langen Skala – etwa bei 11 Skalenpunkten – wird die Argumentation vermutlich schnell schwierig, wenn begründet werden soll, warum der Skalenpunkt 8 und nicht Skalenpunkt 9 angemessen ist.

Skalenvorschlag

Als pragmatischer Kompromiss wird daher zur Messung für alle Ziele eine 5er-Skala vorgeschlagen, die gleichzeitig prozentual und verbal verankert ist (siehe Abb. 3.4).

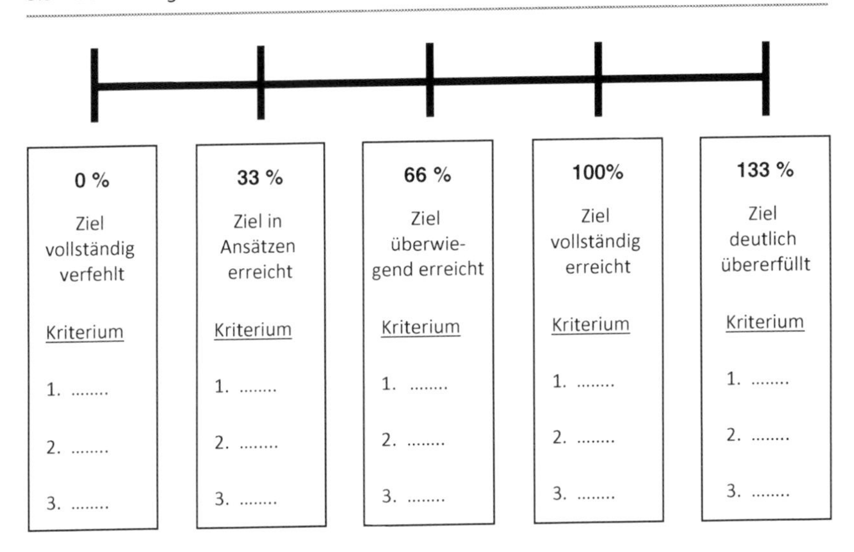

Abb. 3.4 Skalenvorschlag zur Messung der Zielerreichung

Für jeden einzelnen Skalenpunkt sollten sich Mitarbeiter und Vorgesetzter im Rahmen der Zielvereinbarungsgespräche auf 1 bis maximal 3 Kriterien einigen, an denen dann das jeweilige Zielerreichungsniveau ersichtlich ist.

Erläuterung
Vier Aspekte sind zu diesem Skalenvorschlag erläuterungsbedürftig:

1. Im Bereich der Zielübererfüllung ist lediglich ein einziger zusätzlicher Skalenpunkt vorgesehen. Es soll damit bewusst ein Anreiz zur Vereinbarung realistischer Ziele gesetzt werden. Ziele, die vom Mitarbeiter in dramatischer Weise übererfüllt werden können, waren einfach von Anfang an zu tief gesetzt. Oder es wurde versäumt, auf deutliche Verbesserungen im Aufgabenumfeld über rechtzeitige Zielanpassungen zu reagieren. Skalierungen mit Zielerfüllungsgraden jenseits von 150 % machen vor diesem Hintergrund keinen Sinn und leisten allenfalls dem skizzierten, suboptimalen Führungsverhalten bei der Zielfestlegung Vorschub.
2. Diese Skala wird für quantitativ und qualitativ messbare Ziele gleichermaßen vorgeschlagen. Kritiker könnten einwenden, dass bei quantitativen Zielen (z. B. Umsatzsteigerung) eine viel feinere Abstufung möglich wäre und damit Messpräzision verschenkt wird. Vordergründig stimmt das. Aber eben nur vordergründig. Die quantitative Messbarkeit einer Größe bedeutet nicht

zwangsläufig, dass damit eine exaktere Aussage zur erbrachten Leistung eines Mitarbeiters in Relation zu anderen Mitarbeitern zu treffen wäre. Unschärfen bleiben auch hier hinsichtlich

- des persönlichen Einsatzes des Mitarbeiters zur Realisierung des Zielniveaus,
- der begünstigenden oder erschwerenden Rahmenbedingungen bei der Zielverfolgung,
- der relativen Schwierigkeit der formulierten Ziele im Vergleich zu Zielen anderer Mitarbeiter.

In Anbetracht dieser Unschärfen spricht viel dafür, organisationsweit nur einen einzigen Skalentyp zu verwenden. Dies gibt Mitarbeitern auf Stellen, für die primär „nur" qualitative Ziele formuliert werden können, auch nicht das Gefühl, lediglich „Zielvereinbarungen zweiter Klasse" zu erhalten. Zudem sorgt man durch einen einheitlichen Skalentyp auch dafür, dass das System nicht zu komplex wird.

3. Die bei den Skalenpunkten hinterlegten Prozentwerte sind nicht konkret numerisch zu begreifen, sondern haben eher eine symbolische Funktion. Sie sollen beim Beurteiler eine Skalenverankerung tendenziell nach einer Drittel-Logik herstellen. Im Verbund mit der zusätzlichen verbalen Skalenbeschreibung wird so eine stabilere Skalenverankerung erzielt.
4. Die verbalen Beschreibungen der Skalenpunkte wurden betont sachorientiert vorgenommen. Generell vermieden werden sollten Skalenbenennungen, die an das Schulnotensystem angelehnt sind. Sie wecken bei den Mitarbeitern eher negative Assoziationen, indem sie an Bewertungsakte im Lehrer-Schüler-Verhältnis erinnern. Es erfolgt eine unnötige symbolische Betonung des Machtunterschiedes, der dem angestrebten Dialog auf Augenhöhe nicht förderlich ist.

Verwendung mehrerer Skalen

In obigen Ausführungen wurde schon deutlich, dass grundsätzlich die organisationsweite Verwendung eines einzigen, einheitlichen Skalentyps empfohlen wird. Trotzdem soll hier noch ein etwas differenzierterer Blick auf die Frage der Skalenanzahl geworfen werden.

Es ist grundsätzlich möglich, je eingesetzter Bezugsgröße (siehe Abschn. 3.5) eine eigene Skala einzusetzen. So wäre beispielsweise denkbar, die Erreichung individueller Stellenziele und Abteilungsziele auf der oben vorgeschlagenen 5er-Skala von 0 % bis 133 % zu messen und für die Erreichung der Organisationsziele eine deutlich feiner abgestufte Skala zu wählen. Speziell, wenn sich die Organisationsziele aus klassischen betriebswirtschaftlichen Erfolgsgrößen zusammensetzen, die an die Bilanz, GuV-Rechnung oder an die Kostenrechnungssysteme anknüpfen und der Zielerreichungsgrad damit hinreichend präzise bestimmbar ist, dann kann auch die Beteiligung der Mitarbeiter an diesen Erfolgen in kleiner definierten Stufen erfolgen. Eine 10er-Skala wäre dann durchaus eine Überlegung wert.

Allerdings sollte man bei Verwendung unterschiedlich langer Skalen für unterschiedliche Bezugsgrößen darauf achten, dass – trotz einer feineren Abstufung der Zielerreichungsgrade – der Anfangspunkt (z. B. 0 %) und der Endpunkt (z. B. 133 %) identisch sind. Man vermeidet dadurch unnötige rechentechnische Komplexitäten, die dem Mitarbeiter gegenüber nur schwer transparent und nachvollziehbar kommunizierbar sind.

Dieser Aspekt ist es dann auch, der wieder grundsätzlich gegen eine Verwendung unterschiedlich langer Skalen für unterschiedliche Bezugsgrößen spricht. Der Mechanismus „Viele Ziele – eine Skala" ist eben leichter handhabbar und kommunizierbar. „One size fits all" hat durchaus seinen eigenen Charme – nicht nur beim Kleidungskauf.

3.6 Skalentransfer in monetäre Größen

▶ *Entscheidungsbaustein 16: Auf welchen Wegen kann die skalenbasierte Einstufung des Zielerreichungsgrads in die für Zielboni erforderlichen monetären Größen transferiert werden?*

Zur konkreten Berechnung des Zielbonus eines Mitarbeiters muss eine Verknüpfung zwischen der Beurteilungsskala und Geldgrößen hergestellt werden. Wie kann nun der Weg von der Zielerreichungsbeurteilung zur Bonusermittlung gestaltet werden? Es ist ein *direkter Transfer* oder ein *indirekter Transfer* denkbar.

Direkter Transfer
Jede Skala, die – wie obiger Vorschlag – die Zielerreichungsgrade nicht nur verbal beschreibt, sondern auch in Prozentwerten ausweist, kann für einen direkten Transfer in Geldgrößen genutzt werden. Dazu muss lediglich der Skalenpunkt für 100 % mit einem konkreten Geldbetrag untersetzt werden. Er bildet dann den Ausgangspunkt für die Errechnung der Zielboni bei den anderen Skalenpunkten. Tab. 3.3 zeigt ein Beispiel mit Zahlenwerten für die oben vorgeschlagene Skala.

Bewertung
Diese einfache Struktur ist dann eher ungeeignet, wenn man

Tab 3.3 Direkter Transfermechanismus zwischen Zielerreichungsbeurteilung und Bonusermittlung

Zielerreichungsgrad	0 %	33 %	66 %	100 %	133 %
Zielbonus in €	0	3.300	6.600	10.000	13.330

- bei einer *multiplikativen Verknüpfung* mehrerer Bezugsgrößen vermeiden möchte, dass es bei einer vollständigen Zielverfehlung bei einer Bezugsgröße (= Zielerreichungsgrad 0 %) für den Mitarbeiter zu einem Totalausfall des Zielbonus kommt,
- zwischen Zielerreichungsgrad und Bonushöhe keinen proportionalen (= linearen) Zusammenhang konstruieren möchte (näher zu alternativen Zusammenhängen siehe Abschn. 3.7),
- innerhalb einer Bezugsgröße (z. B. Teamziele) mehrere Einzelziele subsumieren möchte und kein Durchschnitt über die Zielerreichungsgrade der Einzelziele gebildet werden soll. Der Grund für den Verzicht auf eine Durchschnittsbildung könnte sein, dass sich dadurch ein Wert ergibt, der nicht exakt den Skalenpunkten entspricht. Damit nun dieser Durchschnittswert wieder kompatibel mit der Beurteilungsskala ist, müsste er im Einzelfall auf- oder abgerundet werden. Das aber ist dem Mitarbeiter eventuell nur schwer kommunizierbar.

In all diesen Fällen müssen Zielerreichungsbeurteilung und Bonusermittlung entkoppelt werden. Dies gelingt mit einem indirekten Transfermodell.

Indirekter Transfer

Bei diesem Vorgehen wird der Zielerreichungsgrad je Einzelziel auf einer weiteren Skala zunächst in einen Punktwert umgesetzt. Alle Einzelpunktwerte werden summiert. Die Summierung führt zu einer Punkteklasse, der wiederum ein Bezugsfaktor für den 100 %-Bonus zugeordnet ist.

Beispiel

Was sich zunächst etwas kompliziert anhört, wird mit Hilfe des Zahlenbeispiels in Tab. 3.4 schnell deutlich. Hier wird bei der *grundsätzlichen Konstruktion* des indirekten Transfermechanismus dafür gesorgt, dass

Tab. 3.4 Indirekter Transfermechanismus zwischen Zielerreichungsbeurteilung und Bonusermittlung

Zielerreichungsgrad	0 %	33 %	66 %	100 %	133 %
Punktwert Ziel 1	0	5	10	15	20
Punktwert Ziel 2	0	5	10	15	20
Punktwert Ziel 3	0	5	10	15	20
Punktwert Ziel 4	0	5	10	15	20
Punktwert Ziel 5	0	5	10	15	20
Summe Punktwerte	0–20	21–40	41–60	61–80	81–100
Bezugsfaktor	0,1	0,25	0,6	1,0	1,2
Zielbonus in €	1.000	2.500	6.000	10.000	12.000

- der Mitarbeiter auch bei einer kompletten Zielverfehlung einen Minimalbonus erhält,
- bis zur vollständigen Zielerreichung (100 %) die absoluten Bonushöhen progressiv ansteigen,
- bei Zielübererfüllungen (>100 %) der Zusatzbonus nur noch moderat ausfällt.

Die *konkrete Anwendung* auf einen einzelnen Mitarbeiter geht in der Abbildung aus den eingekreisten Zahlenwerten hervor. Aufgrund seiner Zielerreichungsgrade bei den 5 Einzelzielen kann der Mitarbeiter einen Punktwert von 45 realisieren und erhält über einen Bezugsfaktor von 0,6 einen Zielbonus in Höhe von 6000 €.

Bewertung

Das indirekte Transfermodell eröffnet also deutlich mehr Gestaltungsoptionen hinsichtlich der konkreten Verlaufskurve der Zielboni. Es kann nicht nur proportionale Zusammenhänge abbilden. Andererseits erfordert es aber auch deutlich mehr Einzelentscheidungen, nämlich:

- Skala für die Punktwerte,
- Gruppenbildung für die Punktwerte,
- Verknüpfung der Punktwerte mit den Bezugsfaktoren,
- Verlaufskurve für die Bezugsfaktoren.

Jede dieser Einzelentscheidungen ist erklärungsbedürftig, hinterfragbar und diskutierbar.

Das indirekte Transfermodell ist für die Mitarbeiter damit intransparenter. Wie sich seine Erreichungsgrade bei einzelnen Zielen schlussendlich in der Vergütung niederschlagen, ist nicht auf den ersten Blick ersichtlich. Im Hinblick auf eine Einigung mit dem Betriebsrat ist diese Vorgehenssystematik wohl auch konfliktträchtiger, zumindest verhandlungsaufwändiger.

3.7 Vergütungsverlaufskurve

▶ *Entscheidungsbaustein 17: Welche alternativen Zusammenhänge zwischen Zielerreichungsniveau und Vergütungsniveau (= Vergütungsverläufe) sind denkbar? Welche Einzelentscheidungen müssen zur Festlegung alternativer Vergütungsverläufe getroffen werden? Welche Vor- und Nachteile haben die jeweiligen Vergütungsverläufe?*

Ausgangspunkt der Überlegungen ist die Grafik in Abb. 3.5. Sie zeigt die Grundkonstruktion aller leistungsorientierten Vergütungssysteme (Stock-Homburg 2010, S. 437) und wird hier auf den speziellen Fall von Zielboni umgesetzt. Die einzelnen Bestandteile der Grafik spiegeln die einzelnen Entscheidungsbedarfe wider.
Die einzelnen Bestandteile der Grafik werden nachstehend erläutert.

Fixe Vergütung und Unterer Schwellenwert
Im Rahmen dieser beiden Parameter ist zum einen eine Entscheidung über die Höhe der Vergütung zu treffen, die der Mitarbeiter ohne Gewährungsrisiko erhalten soll. Zum anderen wird dabei auch implizit festgelegt, welches Zielerreichungsniveau des Mitarbeiters *nicht* zusätzlich über Zielboni honoriert werden soll.

In der Grafik wird dieser Bereich von der schraffierten Fläche symbolisiert.
Es werden dort keine zusätzlichen Anreize gesetzt, da man voraussetzt, dass dieses Leistungsniveau in der fixen Vergütung bereits „eingepreist" ist. Die schraffierte Fläche stellt grafisch sozusagen die Negativabgrenzung zur zielorientierten

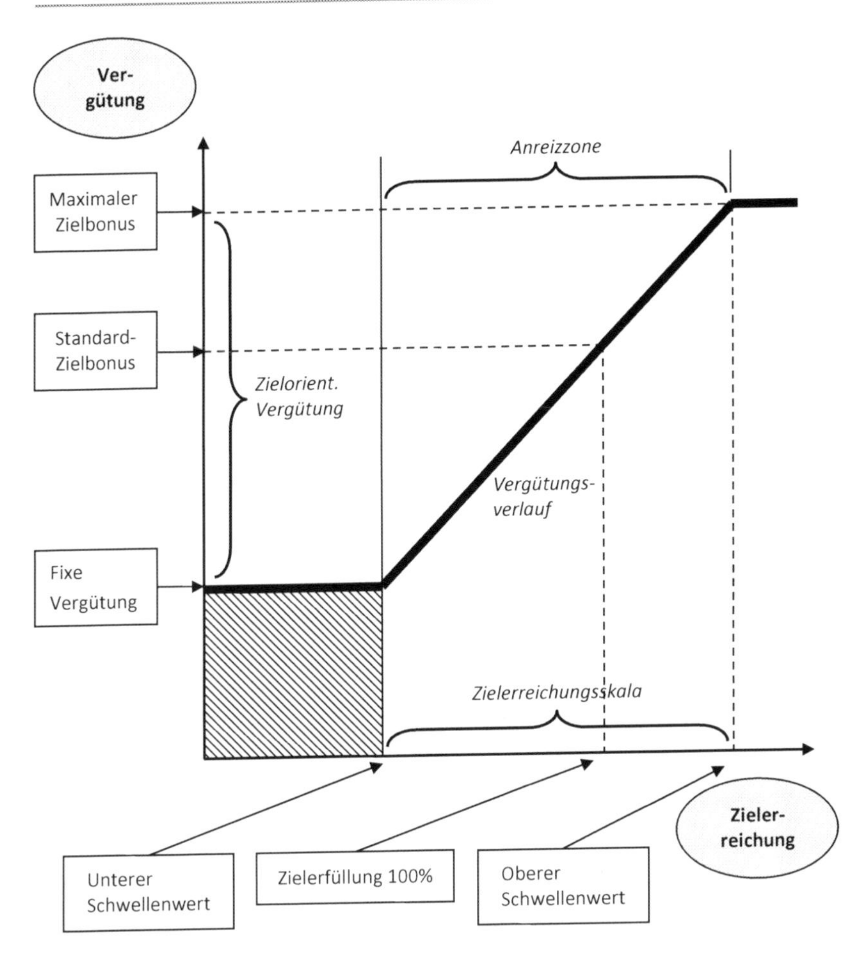

Abb. 3.5 Grundkonstruktion von Zielbonussystemen

Vergütung dar. Der untere Schwellenwert symbolisiert gleichzeitig den oberen Rand der von der Organisation erwarteten Regelleistung und den Beginn der Anreizzone, ab der zusätzliche Leistungen gesondert honoriert werden sollen. In der Zielerreichungsskala ist der untere Schwellenwert identisch mit dem 0 %-Wert (= vollständige Zielverfehlung).

Unterer Schwellenwert und Oberer Schwellenwert

Diese beiden Parameter bilden den Anfangspunkt und den Endpunkt der Zielerreichungsskala. Sie markieren die Spannweite der möglichen, vergütungswirksamen Zielerreichungsgrade und bilden damit gleichzeitig die *Anreizzone* ab. Bei Zielerreichungsgraden über dem oberen Schwellenwert erfolgt keine zusätzliche Honorierung mehr über Zielboni (= „Deckelung").

Zwischen den beiden extremen Schwellenwerten ist der Skalenpunkt für die *vollständige Zielerfüllung* (= 100 %) anzusiedeln. Denkbar wäre allerdings auch, dass dieser Skalenpunkt mit dem Oberen Schwellenwert identisch ist. Zielübererfüllungen wären dann überhaupt nicht mehr vergütungsrelevant. Zu empfehlen wäre eine solche Verfahrensweise aber nicht. Denn im Falle einer zu wenig anspruchsvollen Zielvereinbarung – nichts anderes als ein Führungsfehler – existiert kein „Reparaturmechanismus" mehr für diesen Fehler. Ein materieller Anreiz für Zielübererfüllungen kann diesen Reparaturautomatismus bereitstellen.

Insofern sollten also im Grundsatz Skalenpunkte jenseits der 100 % vorgesehen werden. Die zentrale Entscheidungsfrage ist, wie weit man dabei gehen möchte. Eine „dramatische" Zielübererfüllung, etwa jenseits von 150 %, wirft immer die Frage auf, ob das Ziel nicht von Anfang an zu tief gesetzt war oder während der Zielverfolgungsperiode als Reaktion auf Umfeldverbesserungen nicht oder nicht stark genug nach oben angepasst wurde (siehe schon Abschn. 3.5). Zudem setzt die Aussicht auf eine materielle Honorierung von deutlichen Zielüberschreitungen einen starken Anreiz, die Ziele zunächst nach unten zu verhandeln, um sie dann in starkem Umfang übertreffen zu können. Bei individuellen Stellenzielen und Team- oder Abteilungszielen sollten aus diesen Erwägungen heraus Zielboni für Zielerfüllungsgrade jenseits der 150 % nicht mehr vorgesehen werden.

Am ehesten ist eine deutlich größere Spannweite der Zielerreichungsskala noch bei den Gesamtorganisationszielen denkbar, sofern sie sich aus klassischen betriebswirtschaftlichen Erfolgsgrößen zusammensetzen und die Mitarbeiter am Erfolg partizipieren sollen. In dieser Konstellation finanzieren sich die zusätzlich ausgeschütteten Zielboni auf direktem Weg selbst. Wenn das tatsächlich erzielte EBIT das Dreifache der ursprünglichen Planungen erreicht hat, dann wäre auch nichts gegen eine Skala einzuwenden, die einen 300 %-Wert verarbeiten kann. Die Frage nach der Realistik der ursprünglichen Zielplanung steht aber dann trotzdem im Raum.

Vergütungsverlauf

Bei diesem Gestaltungsparameter geht es um die Verknüpfung der Zielerreichungsgrade mit den monetären Größen (Zielboni). Es muss also entschieden werden, um welchen Betrag sich der Zielbonus steigern soll, wenn der Mitarbeiter den nächsthöheren Skalenpunkt erreicht. In Abb. 3.5 ist beispielsweise ein einfacher linearer Zusammenhang abgebildet. Höhere Zielerreichungsgrade führen hier zu proportionalen Steigerungen bei der Höhe der Zielboni.

Die Verknüpfung kann aber auch auf andere Weise geschehen. Denkbar sind

- progressive,
- degressive,
- S-förmige,
- stufenförmige Verknüpfungen,
- Kombinationen zwischen diesen Verknüpfungsformen.

Die verschiedenen Verknüpfungsformen führen zu unterschiedlichen Effekten auf die Motivation und die anfallenden Personalkosten. In Tab. 3.5 sind die wichtigsten Gestaltungsprinzipien und ihre Wirkungen auf Personalkosten und Motivation im Überblick zusammengefasst (in Anlehnung an Stock-Homburg 2010, S. 438 ff.).

Beispiel

In Tab. 3.6 sind die verschiedenen Verlaufsformen beispielhaft mit Zahlenwerten unterlegt. Es wurde dabei eine fixe Vergütung des Mitarbeiters in Höhe von 30.000 € p.a. und eine 8-stufige Zielerreichungsskala mit einer Spannweite von 0 % bis 140 % unterstellt.

3.8 Auszahlungsoptionen

▶ *Entscheidungsbaustein 18: Welche alternativen Optionen stehen für die Auszahlung von Zielboni zur Verfügung?*

Zeitlicher Aspekt

Unter zeitlichem Aspekt sind folgende Ausschüttungsvarianten für den Zielbonus möglich:

- Einmalbetrag,
- ratierlicher monatlicher Zuschlag,
- mehrere Jahrestranchen,
- Kombinationen dieser Grundmodelle.

Einmalbetrag

Der übliche Weg besteht in der Ermittlung des Zielbonus – z. B. im ersten Quartal des Folgejahres – und seine zeitnahe Ausschüttung an die Mitarbeiter in einem einzigen Betrag.

Tab. 3.5 Alternative Verlaufsformen für Zielboni

Lineares Verknüpfungsmodell	
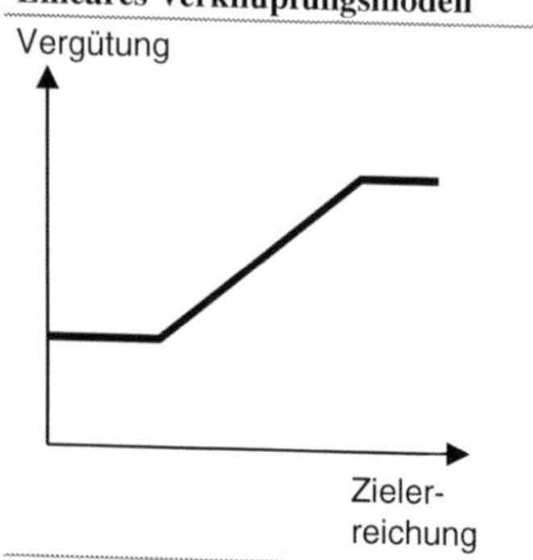	• Höhere Zielerreichungsgrade führen zu einem proportionalen Anstieg des Zielbonus. • Festgelegt werden muss ein Absolutbetrag x in €, mit dem der Zielbonus von Skalenpunkt zu Skalenpunkt steigt. ⊕ Gleichbleibende Wirkung des Zielbonus auf die Personalkosten über den gesamten Anreizbereich. ∅ Abnehmender Grenznutzen des Zielbonus für den Mitarbeiter; bei höheren Skalenpunkten damit möglicherweise nachlassende Anreizwirkung.
Progressives Verknüpfungsmodell	
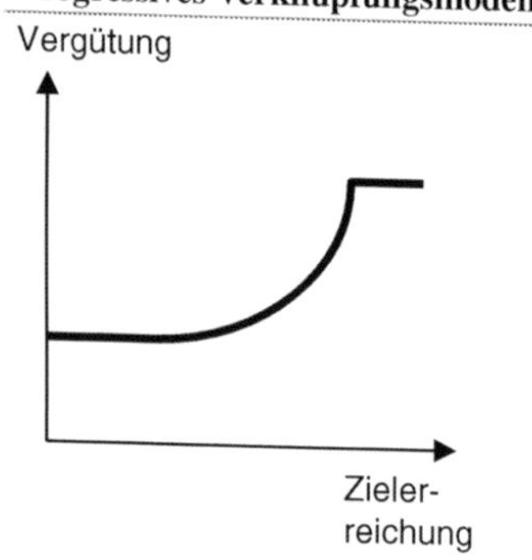	• Höhere Zielerreichungsgrade führen zu einem *über*proportionalen Anstieg des Zielbonus. • Festgelegt werden müssen Absolutbeträge x in €, mit denen der Zielbonus von Skalenpunkt zu Skalenpunkt mit *immer größer werdenden* Zusatzbeträgen ansteigt. Alternativ könnte auch ein Steigerungsfaktor x in %, definiert werden (z. B. + 10 %), mit dem der Zielbonus von Skalenpunkt zu Skalenpunkt steigt. Der vorherige Skalenpunkt bildet dabei immer die Berechnungsbasis für den nächsten. Beispiel: 1000 € + 10 % = 1100 €; 1100 € + 10 % = 1210 €, 1210 € + 10 % = 1331 €; 1331 € + 10 % = 1464 €. Diese Vorgehensweise stellt einen Spezialfall der obigen, allgemeinen Methodik dar. ⊕ Starke Anreizwirkung auf leistungsstärkere Mitarbeiter zur weiteren Leistungssteigerung. ∅ Stark ansteigende Personalkosten innerhalb des Anreizbereichs.
Degressives Verknüpfungsmodell	
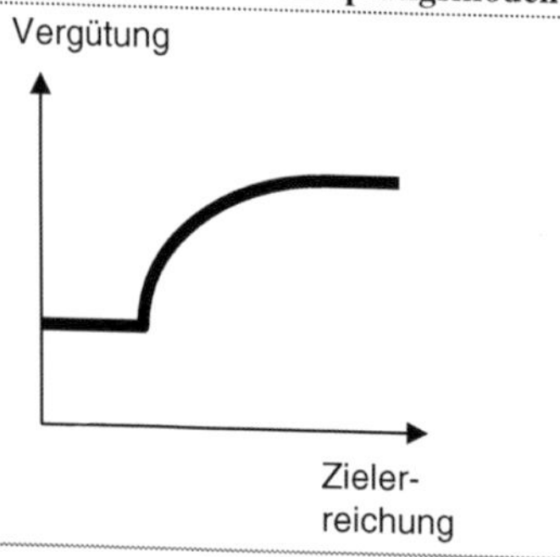	• Höhere Zielerreichungsgrade führen zu einem *unter*proportionalen Anstieg des Zielbonus. • Festgelegt werden müssen Absolutbeträge x in €, mit denen der Zielbonus von Skalenpunkt zu Skalenpunkt mit *immer kleiner werdenden* Zusatzbeträgen steigt. ⊕ Personalkostendämpfung im höheren Leistungsbereich. ∅ Wenig Anreizwirkung für leistungsstärkere Mitarbeiter zur weiteren Leistungssteigerung.

S-förmiges Verknüpfungsmodell	
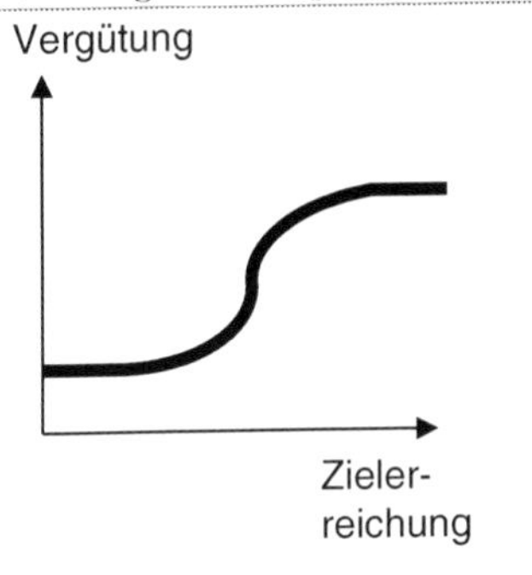	• Kombination von progressivem Modell im unteren Anreizbereich und degressivem Modell im oberen Anreizbereich. • Alternativ kann auch zuerst ein degressiver Anstieg und danach ein progressiver Anstieg modelliert werden. • Vor- und Nachteile ergeben sich in den relevanten Abschnitten analog zu den Basismodellen.
Stufenförmiges Verknüpfungsmodell	
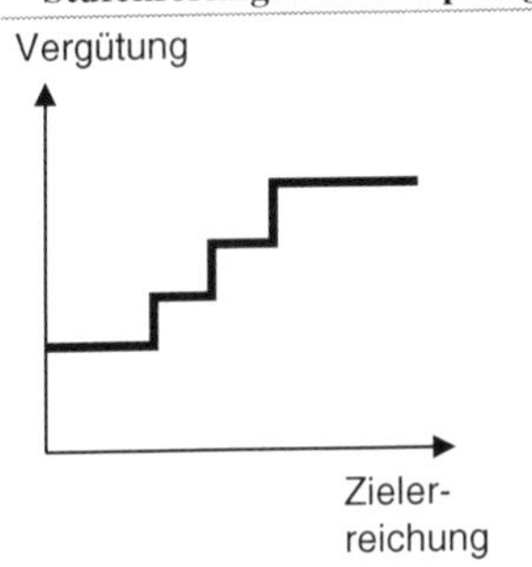	• Mehrere Skalenpunkte auf der Zielerreichungsskala werden zu einer Zielbonusgruppe zusammengefasst und führen zum identischen Zielbonus (z. B. alle Mitarbeiter mit 70–90 % Erreichungsgrad erhalten einen Zielbonus von 1000 €). Die Zusatzbeträge auf der Treppenfunktion können entweder jeweils die gleiche Betragshöhe aufweisen, oder aber von Treppenstufe zu Treppenstufe auch unterschiedliche Höhen haben. ⊕ Geeignet für Führungssituationen, in denen unterschiedliche Zielerreichungsgrade zwar ausgewiesen werden sollen, aber nur in Grenzen zu unterschiedlichen Vergütungshöhen führen sollen. ⊕ Geringerer Administrationsaufwand bei der Vergütungsabrechnung. ∅ Eingeschränkte Leistungsgerechtigkeit der Vergütung mit möglicherweise dysfunktionalen Rückwirkungen auf die Leistungsmotivation.

Tab. 3.6 Alternative Verlaufsformen für Zielboni – Zahlenbeispiel

	Linear	Progressiv	Degressiv	S-förmig	Stufen
Fixvergütung	**30.000**	**30.000**	**30.000**	**30.000**	**30.000**
0 %	30.000 *(+2 000)*	30.000 *(+900)*	30.000 *(+3.600)*	30.000 *(+1.600)*	30.000 *(+3.500)*
20 %	32.000 *(+2.000)*	30.900 *(+1.100)*	33.600 *(+2.900)*	31.600 *(+1.800)*	33.500
40 %	34.000 *(+2.000)*	32.000 *(+1.400)*	36.500 *(+2.300)*	33.400 *(+2.200)*	33.500 *(+3.500)*
60 %	36.000 *(+2.000)*	33.400 *(+1.800)*	38.800 *(+1.800)*	35.600 *(+2.800)*	37.000
80 %	38.000 *(+2.000)*	35.200 *(+2.300)*	40.600 *(+1.400)*	38.400 *(+2.200)*	37.000 *(+3.500)*
100 %	40.000 *(+2.000)*	37.500 *(+2.900)*	42.000 *(+1.100)*	40.600 *(+1.800)*	40.500
120 %	42.000 *(+2.000)*	40.400 *(+3.600)*	43.100 *(+900)*	42.400 *(1.600)*	40.500 *(+3.500)*
140 %	**44.000**	**44.000**	**44.000**	**44.000**	**44.000**

Bewertung

Die *Organisation* hat bei dieser Variante in einem engen Zeitfenster einen größeren Liquiditätsabfluss. Es ist daher die entsprechende Bildung von Rückstellungen und eine rechtzeitige Berücksichtigung im Rahmen der Liquiditätsplanung notwendig.

Auf Seiten des *Mitarbeiters* ergibt sich bei dieser Verfahrensweise vermutlich der größte Motivationseffekt. Denn ein größerer Einmalbetrag führt zu einer hohen Aufmerksamkeitswirkung. Durch eine möglichst zeitnahe Auszahlung nach der Zielverfolgungsperiode wird sichergestellt, dass der Mitarbeiter mental auch eine hinreichend enge Verbindung zwischen seinem Engagement für die Ziele und dem gewährten Anreiz sieht.

Getrübt wird die Freude beim Mitarbeiter durch die Tatsache, dass auf den Zielbonus Lohnsteuer- und Sozialversicherungsbeiträge anfallen. Es handelt sich hier um Einmalzahlungen, für die im Lohnsteuer- und Sozialversicherungsrecht das sogenannte „Zuflussprinzip" vorgesehen ist. Danach sind diese Zahlungen im Grundsatz stets in dem Zeitpunkt mit Steuern und Beiträgen zu belasten, in dem sie dem Arbeitnehmer zugeflossen sind.

Ratierlicher monatlicher Zuschlag:

Der Zielbonus wird hier nicht in einem Betrag ausgeschüttet, sondern z. B. auf die nächsten 12 Monate umgelegt und dort ratierlich als zusätzliche Leistungsvergütung für den Mitarbeiter zahlungswirksam. In aller Regel werden gleichbleibende

Beträge über alle Monate hinweg ausgeschüttet. Denkbar ist aber ebenfalls eine kostenneutrale Aufteilung des Zielbonus dergestalt, dass die Auszahlungsbeträge über die Monate hinweg kleiner oder größer werden.

Solche naheliegenden Gestaltungvarianten werden oftmals überhaupt nicht geprüft. Gerade ansteigende monatliche Zahlungen generieren einen höheren Aufmerksamkeitseffekt und verhindern, dass das Zusatzentgelt mental zum Besitzstand wird, nicht mehr wahrgenommen wird und damit auch keine motivationale Kraft entfaltet.

Bewertung
Eine ratierliche Auszahlung mindert für die *Organisation* erheblich die Liquiditätsbelastung. Aus motivationaler Sicht ist sie sicher nur die zweitbeste Lösung. Die Monatsbeträge sind unter Umständen so gering, dass sie nicht mehr hinreichend im Aufmerksamkeitsfokus des Mitarbeiters sind. Die Regelmäßigkeit der Zahlung tut dann ein Übriges, damit der Mitarbeiter sie in seiner Wahrnehmung als Besitzstand definiert. Nennenswerte Motivationsimpulse sind dann nicht mehr zu erwarten.

Ein wirksames Gegengewicht könnte die oben angesprochene Variante von monatlich steigenden Auszahlungsbeträgen darstellen. Sie erhalten beim Mitarbeiter einen gewissen „Spannungsbogen". Zudem demonstrieren sie ihm gerade in der Endphase der aktuellen Zielverfolgungsperiode deutlich, dass sich Engagement für die vereinbarten Ziele auch materiell lohnt und geben so nochmals einen Anreiz für einen „Endspurt". Und so ganz nebenher ist dieses Zahlmodell auch dasjenige, das für die Organisation zum günstigsten Verlauf bei der Liquiditätsbelastung führt.

Mehrere Jahrestranchen
Hier wird der Zielbonus in z. B. drei gleichen Jahresraten ausgezahlt. Die Vor- und Nachteile dieser zeitlichen Streckung ergeben sich im Grundsatz analog zu Einmalzahlungen vs. ratierlichen Auszahlungen.

Das besondere optionale Gestaltungselement ist bei dieser Variante, dass für den Mitarbeiter ein *Zielbonuskonto* geführt wird. Damit entsteht auch die grundsätzliche Möglichkeit, den einmal entstandenen Bonusanspruch in den Folgejahren noch nach oben oder unten zu korrigieren (= *„Bonus-Malus-Regelung"*). Die Organisation erhält sich damit für einen bestimmten Zeitraum z. B. die Möglichkeit auf unvorhergesehene Veränderungen im wirtschaftlichen Umfeld durch eine Variation der Personalkosten reagieren zu können. Die Eingriffsgründe müssen allerdings präzise definiert sein. Eine solche Verfahrensweise wird tendenziell aber nur für ranghohe Führungskräfte mit entsprechend hohem Einkommensniveau in Frage kommen.

Ein weiterer Anwendungszweck solcher Bonus-Malus-Regelungen ergibt sich auch im Hinblick auf Ziele, deren nachhaltige Erreichung eventuell nach der Zielverfolgungsperiode noch nicht vollständig sicher beurteilt werden kann. Die Organisation hält sich hier eine zeitlich befristete Korrekturoption offen.

Beispiel

Zu denken wäre im negativen Fall beispielsweise an die Konstellation, dass ein Verkäufer in einem Jahr X die Gewinne und Umsätze stark gesteigert hat, dies aber zu Lasten zukünftiger Gewinne und Umsätze getan hat, etwa weil er das Preisniveau der Produkte durch überzogene Rabattaktionen dauerhaft nach unten gedrückt hat oder durch nicht haltbare Versprechungen mit vielen Kunden zwar „Einmalgeschäfte" getätigt hat, aber dadurch massive Kundenabwanderungen provoziert und dem Organisationsimage Schaden zugefügt hat.

Für ausgewählte Ziele könnte also ein „nachsorgender Beobachtungszeitraum", in dem man einmal getroffene Bonusentscheidungen noch in Grenzen korrigieren kann, Sinn machen.

Kombinationslösungen

Alle drei vorgestellten zeitlichen Auszahlungsoptionen sind grundsätzlich miteinander kombinierbar. Das wäre der Versuch, die Vorteile der jeweils reinen Form auszuschöpfen und dabei tendenziell ihre Nachteile abzumildern. So wäre durchaus vorstellbar, dass ein Drittel des Zielbonus sofort nach der Zielerreichungsfeststellung als Einmalbetrag ausgezahlt wird, ein weiteres Drittel in Monatsbeträgen über das nächste Jahr verteilt wird und das letzte Drittel in einem Kontenmodell noch zwei Jahre „unter Beobachtung gestellt" wird. Denkbar ist also alles, was in der jeweiligen Organisation Zusatznutzen stiftet.

Verwendungsaspekt

Unter dem **Verwendungsaspekt** wäre festzulegen, ob der gesamte Zielbonus dem Mitarbeiter als Vergütungsbestandteil zur völlig freien Verwendung zufließt oder ob nicht zumindest Teile für andere Verwendungen genutzt werden sollen. Zu denken wäre dabei insbesondere an

- die Dotierung einer Alterssicherung,
- ein Vermögensaufbaukonzept (z. B. Kapitallebensversicherung, Wertpapierfonds, Bausparverträge),
- die Umwandlung in Beteiligungen an der Organisation (Belegschaftsaktien, GmbH-Anteile, Stille Einlagen, Genussrechte o. ä.),
- die Umwandlung in Fremdkapitalbausteine für die Organisation (Unternehmensanleihen, Wandelanleihen).

4 Zusatzhinweise

4.1 Risiken und Nebenwirkungen

> *Welche Argumente sprechen dagegen, einen Führungsansatz „Führung durch Ziele" zu einem Bezahlungsansatz „Zielbasierte Vergütung" auszubauen? Welcher Risiken sollte man sich bewusst sein, um rechtzeitig gegensteuernd eingreifen zu können?*

Die Entscheidung für ein zielbasiertes Vergütungssystem sollte mit großer Bewusstheit getroffen werden. Dazu gehört auch, sich schon im Vorfeld intensiv mit den Argumenten auseinanderzusetzen, die möglicherweise dafür sprechen, auf einen solchen Vergütungsansatz gänzlich zu verzichten. Zudem sollte man sich über alle Risiken und potenziellen Fehlerquellen im Klaren sein, mit denen man bei der praktischen Handhabung des Systems mit hoher Wahrscheinlichkeit konfrontiert ist. Hohe diesbezügliche Bewusstheit hilft bei der prophylaktischen Vermeidung und bei der Gegensteuerung. Daher werden nachfolgend in bewusst provokanter, pointierter Thesenform die wichtigsten Argumente gegen Zielboni vorgetragen.

Zuvor erfolgt aber eine kompakte Auflistung der üblichen Argumente, die für die Einführung eines zielbasierten Vergütungssystems sprechen (Watzka 2011, S. 78 ff., 2016, Kap. 13 und 14).

K. Watzka, *Zielbasiert vergüten*, essentials,
DOI 10.1007/978-3-658-13160-9_4

Pro Zielboni

1. **Motivations- und Leistungssteigerung**: Mitarbeiter sollen eine Tätigkeit mit einer Intensität ausüben, die sie ohne diesen Anreiz nicht zeigen würden. Im Regelfall ist also Leistungssteigerung das Ziel. Fallweise geht es aber auch rein um den Erhalt der Leistung. Dies gilt speziell für Tätigkeiten, bei denen Mitarbeiter höhere Abneigungsschwellen überwinden müssen (z. B. Monotonie).
2. **Atmende Personalkosten:** Reduzieren Mitarbeiter bei fixen Vergütungen ihre Leistung, dann führt das in der Organisation zu ansteigenden Lohnstückkosten für das einzelne Produkt, die Dienstleistung oder den Geschäftsprozess. Dieses Personalkostenrisiko soll durch die Variabilität eines Zielbonus minimiert werden. Ist dieser zudem noch an den Erfolg der Organisation geknüpft, dann ergeben sich „atmende Personalkosten", die in gewinnlosen Jahren zu schnellen Personalkostenreduktionen führen.
3. **Leistungsgerechtigkeit:** Zielboni sollen Leistungsgerechtigkeit der Vergütung herstellen. Die Logik: Wer seine Stellenziele in höherem Umfang erreicht, leistet einen höheren Beitrag zu den Zielen der Gesamtorganisation und soll dafür auch höher entlohnt werden.
4. **Arbeitgeberattraktivität:** Bei der Arbeitsmarktkonkurrenz um die besten Mitarbeiter ist die leistungsbezogene Steigerungsmöglichkeit eines Grundgehalts aus Sicht der Bewerber ein zentraler Faktor für ihre Eintrittsmotivation. Insofern sind Zielbonussysteme eine wichtige Rekrutierungshilfe. Und natürlich sind sie auch ein Instrument der Mitarbeiterbindung.

Contra Zielboni

1. **Geld- und Zeitverschwendung:** Schon die reine Existenz von Zielen sorgt über wirkungsvolle psychologische Mechanismen für eine Verbesserung von Motivation und Leistung. So mobilisieren Ziele zum Beispiel Zusatzenergien beim Mitarbeiter, erhöhen die Ausdauer bei der Problemlösung, unterbinden die Tendenz zur Prokrastination und zur Beschäftigung mit irrelevanten Tätigkeiten und erhöhen die Identifikation mit der Aufgabe. Den Aufwand für die höchst konfliktbehaftete und aufwändige Bestimmung und Administration von – mitunter lächerlich kleinen – zielorientierten Entgeltbestandteilen kann man sich vor diesem Hintergrund sparen. Ziele entfalten auch isoliert ihre Wirkung!
2. **Abnehmender Grenznutzen von Geld:** Je höher eine Vergütung ist, desto geringer wird der Nutzenzuwachs durch zusätzliche Beträge. 1000 € Zielbonus stiften bei einem Grundgehalt von 20.000 € einen höheren Nutzen als bei

100.000 €. Die Motivationskraft von Geld zehrt sich mit steigender Vergütung immer stärker selbst auf. Nach dieser Logik hätten Zielboni ihre größte Motivationskraft in den unteren Vergütungsgruppen. Dort aber werden sie in der Praxis eher nicht eingesetzt. In den höheren Vergütungsgruppen sind sie eher wirkungslos. Ab einem bestimmten Einkommensniveau wird kein Mitarbeiter durch Zielboni seine Arbeit um einen Deut anders verrichten, kein Investmentbanker mehr richtige oder falsche Wertpapiere kaufen und kein Fertigungsleiter seinen Produktionsbereich anders managen.

3. **Innere Unruhe:** Solange noch potenziell mehr Geld zu erzielen ist, werden Mitarbeiter von einer inneren Unruhe ergriffen. Frieden finden sie erst, wenn sie alle finanziellen Optionen auch ausgeschöpft haben. Das ist der homo oeconomicus in uns. Mitunter ist es aber besser, schlafende Hunde nicht zu wecken. Wenn eine finanzielle Zusatzoption nicht existiert, dann wissen Mitarbeiter, ein Kampf ist nicht nötig; er ist nicht einmal möglich. Energie müssen sie diesem Thema nicht widmen. Sie können sich voll auf ihre eigentliche Aufgabe konzentrieren. Verfechter von Zielboni werden einwenden, dass genau diese innere Unruhe erzeugt werden soll, um zu höherer Leistung zu animieren. Dahinter steht die (naive ?) Vorstellung, dass sich die Unruhe des Mitarbeiters eindimensional in einem höheren Engagement für die Ziele niederschlägt. Genau das funktioniert aber vielfach nicht! Durch das Angebot von „Geld" wird nur ein Anreiz gesetzt, es sich zu holen – nicht mehr! Ein höheres Engagement wäre *ein* möglicher Weg dorthin. Ein anderer, weniger anstrengender Weg, führt über die Beeinflussung von Zielen und Zielerreichungsgraden.
4. **Anreiz zur Leistungszurückhaltung:** Für rational handelnde Mitarbeiter wird ein starker Anreiz gesetzt, die Wahrscheinlichkeit zu maximieren, den Bonus auch in voller Höhe zu erhalten – und dies auch in den nächsten Perioden. Der naheliegende Weg führt über die Kalkulation „*Sorge dafür, dass die Ziele nicht zu hoch ausfallen*". Dies sichert eine Zielerreichung auch bei ungünstigen Rahmenbedingungen und lässt für künftige Perioden noch Raum für Steigerungen. Der kluge Mann baut vor! Ein rationales Verhaltensmuster wäre also, mit sehr zurückhaltenden Vorschlägen in die Vereinbarungsgespräche zu gehen bzw. dort die Zielniveaus wie in einem orientalischen Basar nach unten zu verhandeln.
5. **Anreiz zur Leistungsbeschönigung:** Es geht um Geld! Der Mitarbeiter wird also seinen Zielerreichungsgrad in möglichst positivem Licht darstellen. Es entsteht ein starker Anreiz, eigene Leistungen aufzuwerten, Misserfolge und Fehler aber nicht sichtbar werden zu lassen. Mitarbeiter sind mehr mit der positiven Vermarktung ihrer Leistungen beschäftigt, als mit der Leistungserstellung selbst. Die Leistungsfassade wird wichtiger als der Leistungskern. Im schlimmsten Fall werden Fehlleistungen vertuscht, anderen in die Schuhe geschoben oder gar

Daten „frisiert". Gibt es in Form eines Zielbonus viel zu gewinnen, dann steigt auch der mögliche Nutzen von unredlichen Strategien und die gefühlten Kosten ihrer möglichen Aufdeckung relativieren sich.

In Zielerreichungsgesprächen wird verbissen um die Zielerreichung gefeilscht. Zumindest eine Teilzielerreichung soll attestiert werden. Ein Skalenpunkt mehr bringt schließlich auch Geld. Orientalischer Basar Teil 2! Statt nüchternem Blick auf das Zielerreichungsniveau und ehrlicher Analyse von Gründen für Zielverfehlungen dominieren Rechtfertigungsstrategien. Mitarbeiter mutieren zu Abweichungsbegründungsspezialisten.

6. **Pseudogerechtigkeit:** Zielboni sollen zu einer höheren Leistungsgerechtigkeit der Vergütung führen. Wenn da nur nicht zwei Gerechtigkeitsfallen wären. Die erste Falle: Was, wenn in Zielgesprächen ein durchsetzungsstarker, rhetorisch geschickter Mitarbeiter auf einen eher „schwachen" Vorgesetzten trifft? Die Wahrscheinlichkeit, dass der Vorgesetzte bei Zielvereinbarung und Zielerreichungsfeststellung nachgibt, ist hoch. Und da kein Vorgesetzter vor sich und anderen so recht zugeben mag, dass seine Einschätzung der Zielerreichung des Mitarbeiters eigentlich nicht zutreffend ist, wird an einer gemeinsamen Rechtfertigungsstrategie gebastelt. Mitarbeiter und Vorgesetzter sind dann zulasten der Gesamtorganisation im gemeinsamen Realitätsverlust vereint. Konsequente und konfliktstarke Vorgesetzte werden dem Druck des Mitarbeiters nicht nachgeben. Das heißt aber, dass die Gewährung von Zielboni stärker von der Frage abhängt, welchen Vorgesetzten man hat, als von der Zielerreichung selbst.

   Eine zweite Gerechtigkeitsfalle lauert bei der Frage der Vergleichbarkeit von Zielen. Wenn bei gleichem Grundgehalt der Mitarbeiter im Vertrieb für die Neukonzeption eines Internetauftritts einen Zielbonus von 5000 € bekommt und der Meister in der Fertigung den gleichen Betrag für die Verbesserung der Durchlaufzeiten um 3 %, dann setzt das eigentlich voraus, dass die Ziele gleich schwierig waren. Im Fazit ist festzuhalten, dass weder Zielschwierigkeiten noch Beurteilungsprozesse hinreichend vergleichbar sind. Auf einem solch wackeligen Fundament eine leistungsgerechte Vergütung bauen zu wollen, ist eher Wunschdenken.

7. **Zielinflexibilitäten:** „*Wenn Du ein totes Pferd reitest, steig ab!*", sagen die Dakota-Indianer. Auch von nicht mehr zweckmäßigen Zielen sollte man sich schnell trennen. Mental ist dieser Trennungsprozess sehr schwierig. Sobald Zeit und Energie in ein Ziel geflossen sind, lässt man trotz ungünstiger Handlungsverläufe ungern los. Die psychologischen Kosten werden noch höher, wenn man sich mit der Aufgabe des Ziels zusätzlich von den potenziellen Zuverdienstchancen verabschieden muss. Ausgelobte Zielboni können so auf sehr subtile Weise dazu beitragen, dass in Organisationen unzweckmäßige Ziele weiter verfolgt werden.

8. **Bedrohung des Betriebsklimas:** Organisationen sind arbeitsteilige Systeme. Ziele sind oft nur im Abhängigkeitsgeflecht mit Kollegen zu erreichen. Was aber sagt der Verkäufer, der aufgrund eines Fehlers im Terminmanagement im Back-Office einige Abschlüsse nicht tätigen kann und deswegen seinen Zielbonus schmälert? Vorwürfe und Aggressionen sind zu erwarten. Sobald Geld ins Spiel kommt, dürfte die Toleranz für Fehler von Kollegen deutlich abnehmen.
9. **Verstärkung des Scheuklappenblicks:** Eine wichtige Systemschwäche der „Führung durch Ziele" ist, dass Mitarbeiter alle nicht mit Zielen untersetzte Aufgaben vernachlässigen (= Scheuklappenblick). Dieser Effekt ist höchst unerwünscht, wird aber noch verstärkt, wenn die Ziele zusätzlich mit Zielboni untersetzt werden.
10. **Förderung von Einzelkämpfermentalität:** Individuelle Stellenziele und Zielboni sind ein gefährliches Gemisch. Sie verstärken die Neigung, sich in Einzelkämpfermanier nur noch um die eigene Zielerreichung zu kümmern. Kooperation und Unterstützung von Kollegen bleiben auf der Strecke, da sie eher als zeitfressend und als Ablenkung eingestuft werden. Ganz kritisch wird es, wenn die Mitarbeiter um einen fixen Zielbonustopf konkurrieren. Die ökonomische Rationalität lautet dann: „*Sorge dafür, dass Du Deine Ziele erreichst und möglichst viele andere ihre Ziele nicht erreichen.*" Ein Giftcocktail direkt in die Kooperationsadern der Organisation!
11. **Fehlkonditionierungen:** Zielboni konditionieren Mitarbeiter auf die Regel: „*Keine Leistung ohne Gegenleistung*". Hat diese Konditionierung erst einmal gegriffen, dann wird auch nicht mehr gemacht, was nicht zusätzlich belohnt wird. Das Prinzip „*Optimale Leistung gegen eine faire Vergütung und gute Arbeitsbedingungen*" ist außer Kraft.

4.2 Implementierungsempfehlungen

▶ *Welche Aktivitäten sind für eine erfolgreiche Implementierung besonders relevant?*

Commitment des Topmanagements

Grundsätzlich gilt für die Einführung jedes Managementinstruments: Die Führungsspitze der Organisation muss ohne Wenn und Aber hinter der Einführung des Systems stehen und diesen Prozess auch aktiv unterstützen. Man spricht vom sogenannten „Top-Level-Commitment" (Commitment = Bindung).

Die Forschungen zum Innovationsmanagement zeigen deutlich, dass das Verhalten der obersten Führungskräfte einen ganz entscheidenden Erfolgsfaktor für innerbetriebliche Innovationen – nichts anderes ist ein neues Vergütungssystem! – darstellt. Dort, wo das Spitzenmanagement für alle deutlich sichtbar seine hierarchisch herausgehobene Position zugunsten einer Neuerung einsetzt, also seine Rolle als sogenannter „Machtpromotor" aktiv wahrnimmt, steigt die Wahrscheinlichkeit, dass eine Innovation tatsächlich implementiert, akzeptiert und auf Dauer auch konsequent praktiziert wird.

Gerade neue Vergütungssysteme werden von den Mitarbeitern als bedrohlich wahrgenommen. An die bisherigen Vergütungsusancen haben sie sich gewöhnt. Routinen geben Sicherheit und Stabilität. Innovationen bedeuten in der Wahrnehmung der Betroffenen immer einen Tausch von Sicherheit gegen Unsicherheit. Unsicherheiten erzeugen Ängste. Und bei zielbasierten Vergütungssystemen sind diese negativen Gefühle ja auch nicht ganz unbegründet. Was, wenn die Ziele nicht erreicht werden und die eigene Vergütung dadurch fühlbar sinkt?

Eine naheliegende Reaktion auf Innovationen ist daher zunächst einmal Ablehnung durch die Betroffenen. Innovationswiderstände sind im Grundsatz nichts anderes als der Versuch, Sicherheit durch Festhalten an Altbewährtem zu erhalten.

Das Top-Management ist insbesondere in einer *Kommunikatoren-Rolle* gefragt. Immer wieder muss es die Thematik „Zielbasierte Vergütung" aufgreifen und seine Wichtigkeit für die Organisation erläutern. Gleichzeitig gilt es bei den Mitarbeitern das Vertrauen aufzubauen, dass ein „faires" System entwickelt wird, das für die Mitarbeiter auch realistische Chancen auf eine verbesserte Vergütung bereithält und nicht ein verkapptes Instrument zur Personalkostensenkung darstellt.

Geeignete Plattformen für die Kommunikationsakte sind z. B. Belegschaftsversammlungen, Führungskräfteworkshops, Beiträge im Intranet oder in Mitarbeiterzeitschriften.

Konzeptentwicklung durch Projektgruppe

Die Entwicklung eines Zielbonussystems sollte in einer Projektgruppe stattfinden (Eyer und Haussmann 2014, S. 23). Dies sichert Perspektivenvielfalt und verbessert so die Qualität des entwickelten Vergütungssystems. Eine wichtige Entscheidung betrifft daher die Zusammensetzung dieser Projektgruppe.

Die Projektgruppenmitglieder müssen über eine hohe Fachexpertise in Vergütungsfragen verfügen. Daneben ist auch darauf zu achten, dass zur Steigerung der Ergebnisakzeptanz und zur späteren Widerstandsvermeidung auch Vertreter aller Betroffenengruppen adäquat einbezogen werden.

Als potenzielle Mitglieder bieten sich an:

- Vertreter der Organisationsleitung,
- Vergütungsexperten aus dem Personalbereich,
- Mitarbeitervertreter (Betriebs-/Personalrat),
- Externe Experten.

Informationskonzept

Während und insbesondere nach der Entwicklung des neuen Vergütungskonzepts sind die Mitarbeiter aus Akzeptanz- und Transparenzgründen umfassend zu informieren. Alle betroffenen Mitarbeiter müssen das Vergütungssystem in allen seinen Bestandteilen und Funktionsmechanismen samt der Gründe, die gerade zu dieser Ausgestaltungsform geführt haben, kennen und verstanden haben. Es muss daher ein Informationskonzept entwickelt werden. Im Kern müssen Entscheidungen getroffen werden über:

- Informationsinhalte (*Was?*),
- Informationszeitpunkte (*Wann?*),
- Informationsträger (*Wer?*),
- Informationsmedien (*Womit?*, z.B. Print, Intranet, mündliche Infoveranstaltungen etc.).

Schattenrechnungen

In möglichst großer Zahl sind im Vorfeld der endgültigen Einführung reale Fallbeispiele in möglichst vielen Fallkonstellationen zu simulieren. Damit soll die Gefahr gemindert werden, dass das Bonussystem im Echtbetrieb unerwünschte Vergütungsergebnisse produziert. Diese Simulationsrechnungen geben die Möglichkeit, einzelne Parameter des entwickelten Vergütungssystems noch anzupassen, ehe es in den „scharfen Betrieb" geht.

Pilotbereiche

In die gleiche Richtung zielt die Systemeinführung über Pilotbereiche. Man sollte den Schaden, der durch suboptimale Systembausteine entstehen kann, in Grenzen halten. Und da gemäß der alten Fußballerweisheit bekanntlich *„die Wahrheit ja auf dem Platz liegt"*, werden Simulationsrechnungen im Vorfeld kaum alle Probleme aufdecken können. Die Realität ist dann doch immer noch komplexer und hält Überraschungen und Fragestellungen parat, an die im Vorfeld kein Systementwickler gedacht hat. Daher ist es sinnvoll, das neue Vergütungssystem zunächst in einigen ausgewählten Pilotbereichen zu testen, Erfahrungen zu sammeln, um erforderlichenfalls noch Feinjustierungen an den Systembausteinen vornehmen zu können.

Zumindest ein kompletter Zielvereinbarungszyklus – in der Regel ist das ein Jahr – sollte in den Pilotbereichen absolviert worden sein, ehe man – nach sorgfältiger Erfahrungsauswertung und Befragung aller Betroffenen – das zielbasierte Vergütungssystem auf die gesamte Organisation ausdehnt.

4.3 Rechtliche Hinweise

▶ *Welche rechtliche Vorgaben gilt es bei der Einführung und dauerhaften Handhabung eines zielbasierten Vergütungskonzepts zu beachten? Wo lauern rechtliche Fallstricke?*

Die nachfolgenden Empfehlungen können keine differenzierte arbeitsrechtliche Prüfung der Konzeption und Handhabung des zielbasierten Vergütungssystems ersetzen. Hier muss auf die einschlägige Spezialliteratur verwiesen werden, die auch Grundlage der nachfolgenden Empfehlungen war (Bauer et al. 2002; Friedrich 2006; Heiden 2009a, b, 2006; Köppen 2002). Organisationspraktiker sollen aber durch die Hinweise für die Rechtsfragen sensibilisiert werden, die sich rund um die Zielvereinbarung/-vorgabe und die darauf aufbauende Vergütung ergeben. Und das sind nicht wenige! Die Rechtsprechung der Arbeitsgerichte zeigt, dass insbesondere Vergütungsfragen in diesem Zusammenhang streitig werden. Jeder Praktiker weiß: *„Kommt Geld ins Spiel, kommt Streit ins Spiel."* Daher sollen auch Empfehlungen gegeben werden, wie arbeitsrechtliche Auseinandersetzungen durch eine möglichst rechtssichere Konstruktion und Handhabung des Systems am besten schon im Vorfeld vermieden werden können.

Die nachfolgenden Empfehlungen folgen einer *zeitlichen Logik* mit den Einzelphasen

- Systemeinführung und -konzeption,
- Zielfestlegung,
- Zielverfolgung,
- Feststellung der Zielerreichung.

Systemeinführung und -konzeption

▶ Dem Arbeitgeber steht es im Rahmen seiner unternehmerischen Dispositionsfreiheit grundsätzlich zu, sich für ein System der Zielvereinbarung und darauf aufbauender Vergütung zu entscheiden. Die Teilnahme aller Mitarbeiter kann er über sein Direktionsrecht verfügen. Damit existiert eine Teilnahmepflicht aller Mitarbeiter.

Allerdings dürfen die Systeme nicht gegen verbindliche Regeln in Tarifverträgen, Betriebsvereinbarungen und Arbeitsverträgen verstoßen. Ist also beispielsweise einem Arbeitnehmer im Arbeitsvertrag eine bestimmte Vergütungshöhe vorbehaltlos zugesichert, dann darf diese auch bei zielbasierter Vergütung nicht unterschritten werden.

▶ Der Betriebsrat muss beteiligt werden! Die konkrete Ausgestaltung eines Zielvereinbarungssystems ist zustimmungspflichtig nach § 87 (1) Nr. 1 Betriebsverfassungsgesetz (BetrVG). Dieser Paragraf regelt „*Fragen der Ordnung des Betriebs und das Verhalten der Arbeitnehmer im Betrieb*".

Dies betrifft aber immer nur die *grundsätzlichen Konstruktionsprinzipien* dieses Führungssystems, also z. B. die Zahl der mindestens/höchstens zu vereinbarenden Ziele, die Skala für die Zielerreichungsbeurteilung, die Ablauf- und Terminregeln für die Mitarbeitergespräche. Die *konkreten Zielinhalte* sind dagegen immer mitbestimmungsfrei, da sie Teil der unternehmerischen Dispositionsfreiheit sind.

Da sich die Feststellung der Zielerreichung – häufig formulargestützt – nach bestimmten Regeln vollzieht, erlässt man im Unternehmen damit *Beurteilungsgrundsätze*. Und diese sind mitbestimmungspflichtig nach § 94 Abs. 2 BetrVG. Jede schriftliche Dokumentation der Zielerreichung hat zudem den Charakter eines *Personalfragebogens* und löst damit eine Mitbestimmung nach § 94 Abs. 1 BetrVG aus.

▶ Soll auch nach Zielerreichung vergütet werden, dann kommen zu den obigen Mitbestimmungstatbeständen noch § 87 Abs. 1 Nr. 10 und Nr. 11 BetrVG hinzu. Nach Nr. 10 sind „*Fragen der betrieblichen Lohngestaltung, insbesondere die Aufstellung von Entlohnungsgrundsätzen und die Einführung und Anwendung von neuen Entlohnungsmethoden und deren Änderung*" zustimmungspflichtig. Der Mitbestimmung unterliegen also unter anderem folgende Entscheidungen:

- grundsätzliche Einführung von Zielboni,
- Relation zwischen Fixvergütung und zielbasierter variabler Vergütung,
- Verknüpfung zwischen Zielerreichungsgraden und Entgeltstufen,
- grundsätzliche Anforderungen an die Ziele,
- Verfahren zur Messung der Zielerreichung.

Einzig hinsichtlich des Gesamtbetrags, den der Arbeitgeber für Zielboni zur Verfügung stellen möchte, ist er im Rahmen seiner unternehmerischen Dispositionsfreiheit mitbestimmungsfrei.

▶ Der Betriebsrat hat auch im Dauerbetrieb umfängliche Informations- und Kontrollrechte. Er muss nämlich nach § 80 BetrVG überwachen, dass die zugunsten des Arbeitnehmers geltenden Rechte gewahrt werden. Vor diesem Hintergrund muss er die ordnungsgemäße Anwendung des Zielvereinbarungssystems kontrollieren können. Überprüfungsrechte erstrecken sich zum Beispiel auf:

- Vereinbarkeit der getroffenen Zielvereinbarungen mit Gesetzen und Tarifverträgen,
- Wahrung des Gleichbehandlungsgrundsatzes,
- klare Zuordenbarkeit der Ziele zum einzelnen Mitarbeiter,
- Beeinflussbarkeit von Zielen durch den einzelnen Mitarbeiter.

Der Arbeitgeber muss dem Betriebsrat dazu Informationen zugänglich machen, insbesondere:

- geplante Oberziele, die den Zielvereinbarungen zugrunde liegen,
- bei den einzelnen Arbeitnehmern angesetzte Basisgröße (= 100 %) für die Zielvereinbarung,
- mit den einzelnen Arbeitnehmern vereinbarte Tätigkeitsziele (nicht persönliche Entwicklungsziele!),
- Grad der Zielerreichung der einzelnen Arbeitnehmer.

▶ In allen Unternehmen mit Betriebsrat ist dringend zu empfehlen, alle wichtigen Funktionsprinzipien des Zielvereinbarungssystems und der Bonusgewährung möglichst präzise in einer schriftlichen Betriebsvereinbarung zu dokumentieren und den Mitarbeitern dauerhaft zugänglich zu machen. Abb. 4.1 macht einen Vorschlag zu den wichtigsten Regelungspunkten.

Bei allen Regelungen mit dem Betriebsrat ist die wichtige Sperre aus § 77 Abs. 3 BetrVG zu beachten: *„Arbeitsentgelte und sonstige Arbeitsbedingungen, die durch Tarifvertrag geregelt sind oder üblicherweise geregelt werden, können nicht Gegenstand einer Betriebsvereinbarung sein."* Regelt also bereits ein geltender Tarifvertrag Höhe und Zustandekommen von Zielboni, dann besteht für den Abschluss einer Betriebsvereinbarung kein Raum mehr.

Kann eine Betriebsvereinbarung abgeschlossen werden, dann gelten deren Bestimmungen nach § 77 Abs 4 BetrVG *„unmittelbar und zwingend"* für jedes einzelne Arbeitsverhältnis. Insofern existiert hier grundsätzlich ein sehr eleganter und effizienter Weg, den Regelungen zur Zielvereinbarung flächendeckend Gültigkeit zu verschaffen. Dies gilt allerdings nur, wenn sie nicht nachteilig mit den Bestimmungen in den Einzelarbeitsverträgen der Mitarbeiter kollidieren.

- Einbezogene Zielgruppe
- zu vereinbarende Zielarten (= Zielkatalog)
- Einzelschritte und Initiativpflichten bei der Zielfestlegung
- Verfahren bei Nichteinigung auf Ziele
- Verfahren der Zielfortschrittskontrolle
- Relation zwischen fixem Entgelt und Zielboni
- Maximale Höhe und Verlaufskurven für Zielboni
- Einstufungsskala für Zielerreichung
- Einzelschritte bei der Feststellung der Zielerreichung
- Verknüpfungsregeln zwischen Zielerreichungsgraden und Zielboni
- Regelungsmechanismen für Konflikte um das Ausmaß der Zielerreichung
- Zeitfenster und Terminvorgaben für alle Einzelschritte
- Umgang mit Störungen (z.B. längere Erkrankung des Mitarbeiters, Kündigung des Mitarbeiters, Entfall von Zielen, deutliche Veränderung von Arbeitsbedingungen)
- Schulungen von Vorgesetzten in der Handhabung des Systems

Abb. 4.1 Regelungspunkte für Betriebsvereinbarungen

▶ Das Regelwerk für zielbasierte Vergütung wird nicht mit jedem Arbeitnehmer individuell ausgehandelt. Damit erhält es den Charakter von Allgemeinen Geschäftsbedingungen nach § 305 BGB. Dies hat im Verhältnis zu den geschlossenen Arbeitsverträgen vier wichtige Konsequenzen:

- Bei einer Kollision zwischen einer individuellen Abrede und der Einheitsregelung hat ohne Rücksicht auf das Günstigkeitsprinzip immer die Individualabrede Vorrang (§ 305b BGB).
- Überraschende Klauseln, mit denen der Arbeitnehmer nicht zu rechnen braucht oder/und die sehr „versteckt" untergebracht sind, haben keine Gültigkeit (§ 305c Abs. 1 BGB).
- Unklare Klauseln gehen immer zulasten des Arbeitgebers (§ 305c Abs. 2 BGB). Wenn also z. B. Berechnungsregeln für Zielboni unscharf formuliert sind, dann gilt die für den Arbeitnehmer günstigere Auslegung.
- Die einzelnen Bestimmungen unterliegen einer gerichtlichen Inhaltskontrolle gem. § 307 Abs. 1 BGB und sind unwirksam, wenn sie die Arbeitnehmer *„entgegen den Geboten von Treu und Glauben unangemessen benachteiligen"*.

- Ein Beispiel dafür wäre, wenn der Arbeitgeber, dem Arbeitnehmer die gesamte Beweislast dafür aufbürdet, dass er seine Ziele tatsächlich auch erreicht hat.

▶ Grundsätzlich ist eine Komplettvariabilisierung des Entgelts über Zielboni möglich. Eine vollständige Leistungsabhängigkeit der Bezahlung ist nicht verboten. Eine Untergrenze für die Vergütung ergibt sich allerdings über die Frage der Sittenwidrigkeit (§ 138 BGB). Eine Vergütung wäre dann nicht sittenwidrig, wenn ein Arbeitnehmer

- bei normaler Leistung,
- bei einem uneingeschränkten Einfluss auf die Zielerreichung,
- mindestens zwei Drittel der marktüblichen Vergütung
- erzielen kann.

Werden dem Arbeitnehmer Ziele übertragen, bei denen er Unternehmerrisiken ausgesetzt ist (z. B. Marktschwankungen) oder/und deren Erreichungsgrad er aufgrund von Abhängigkeiten von anderen Mitarbeitern nicht vollständig selbst beeinflussen kann, dann entsteht eine sittenwidrige Vergütung, wenn er trotz Normalleistung in Gefahr ist, weniger als die o. a. sittengerechte Mindestvergütung zu erzielen.

Zielfestlegung

▶ Es gibt aus arbeitsrechtlicher Sicht zunächst keine grundsätzlichen Einschränkungen zur Vereinbarung oder auch Vorgabe von Zielen. Möglich sind alle Typen von Zielen (siehe Abschn. 1.1), egal ob quantitativ oder qualitativ formuliert. Trotzdem sind natürlich Grenzen zu beachten:

- Ziele müssen *grundsätzlich erreichbar* sein. Andernfalls käme man in den Regelungsbereich von § 275 Abs. 1 BGB, nach dem der Arbeitnehmer von der Leistungspflicht frei wird, wenn die Leistung *unmöglich* wird. Dies gilt sowohl für die *objektive Unmöglichkeit* (= kein Arbeitnehmer kann diese Leistung erbringen), als auch für die *subjektive Unmöglichkeit* (= ein spezieller Arbeitnehmer kann diese Leistung nicht erbringen). Letzteres wäre beispielsweise der Fall, wenn ein Mitarbeiter ohne weitere Unterstützung im Ausland eine Vertriebsorganisation aufbauen soll, aber über keinerlei Fremdsprachenkenntnisse verfügt.
- Ziele dürfen *nicht sittenwidrig* (§ 138 BGB) sein und auch *nicht gegen gesetzliche Verbote* verstoßen (§ 134 BGB). Es würde sich in beiden Fällen um ein von Anfang an nichtiges Rechtsgeschäft handeln. Bei gesetzlichen Verboten ist die Grenze relativ

klar. Eine Zielvereinbarung, die z.B. auf die Fälschung von Bilanzen zwecks Krediterhalt oder auf den Abschluss von unerlaubten befristeten Arbeitsverträgen aus Gründen der Personalkostenreduktion abzielt, ist nicht zulässig.

Nicht ganz so klar ist die Grenze bei der Sittenwidrigkeit, da § 138 Abs. 2 BGB explizit auch solche Rechtsgeschäfte als sittenwidrig benennt, bei denen *„jemand unter Ausbeutung der Zwangslage, der Unerfahrenheit, des Mangels an Urteilsvermögen (…) sich Vermögensvorteile (…) gewähren lässt, die in einem auffälligen Missverhältnis zu der Leistung stehen"*.
Im Lichte dieser Bestimmung könnten also Ziele, die

- dem Arbeitnehmer unter massivem Druck, unter Ausnutzung einer schlechten Arbeitsmarktlage, „abgepresst" werden,
- von diesem nur unter Einsatz großer Teile seiner Freizeit ansatzweise erreicht werden können und
- noch dazu mit einem extrem kleinen Bonus verbunden sind,

den Tatbestand der Sittenwidrigkeit erfüllen. Dies würde auch für Ziele gelten, von denen dem Arbeitgeber klar ist, dass der Mitarbeiter aus betrieblichen Gründen gar keine Chance hat, sie zu erreichen und für seinen Einsatz angemessen entschädigt zu werden.
Konsequenz der aus Verstößen gegen die §§ 134, 138 BGB resultierenden Nichtigkeit der Ziele wäre, dass dann gemäß § 612 Abs. 2 BGB eine *„übliche Vergütung als vereinbart anzusehen"* ist. Der Arbeitnehmer hätte Anspruch auf einen Zielbonus in durchschnittlicher Höhe.

- Die *Zielinhalte* müssen durch den Tätigkeitsrahmen abgedeckt sein, den der Arbeitsvertrag steckt. Weit formulierte Arbeitsverträge geben also auch bei Zielvereinbarungen größeren Spielraum. Einer Ziel*vorgabe* außerhalb des Arbeitsvertrages muss der Mitarbeiter nicht nachkommen. Ziel*vereinbarungen* außerhalb des gesteckten Arbeitsvertragsrahmens wären dagegen möglich. Sie wären dann im Rahmen der Vertragsfreiheit als „konkludente, befristete Erweiterung der geschuldeten Tätigkeit" zu interpretieren.
- Hinsichtlich der *Schwierigkeit von Zielen* gilt, dass Ziele durchaus sehr anspruchsvoll formuliert sein können. Dies darf aber nicht so weit gehen, dass eine Zielerreichung für den Arbeitnehmer innerhalb der normalen Arbeitszeit nicht mehr machbar ist oder in einem krassen Missverhältnis zum ausgelobten Bonus steht. Man kommt dann in den Regelungsbereich von § 275 Abs. 3 BGB, nach dem ein Schuldner eine persönlich zu erbringende Leistung (hier: Dienstvertrag) verweigern

kann, wenn „*sie ihm unter Abwägung des seiner Leistung entgegenstehenden Hindernisses mit dem Leistungsinteresse des Gläubigers nicht zugemutet werden kann.*“ Analog zur Unmöglichkeit (s.o.) würde der Arbeitnehmer nach § 326 Abs. 2 BGB einen Anspruch auf einen durchschnittlichen Zielbonus behalten, wenn er das Missverhältnis nicht zu vertreten hat.

Die Bewertung der Frage, inwieweit ein Arbeitnehmer eine Unmöglichkeit der Zielerfüllung oder ein krasses Missverhältnis mit zu vertreten hat, hängt entscheidend davon ab, ob ihm die Ziele *vorgegeben w*urden oder ob sie *vereinbart* wurden. Bei einer reinen Ziel*vorgabe* wird man in aller Regel nicht davon ausgehen können, dass er die Störungen zu vertreten hat. Bei Ziel*vereinbarungen* ist der Mitarbeiter dagegen in deutlich höherer Mitverantwortung für die Angemessenheit der Ziele und kann sich im Nachhinein nicht so einfach von ihnen distanzieren.
Ziel*vereinbarungen u*nterliegen – im Gegensatz zu Ziel*vorgaben* als einseitiges Leistungsbestimmungsrecht (§ 315 BGB) – nicht einer gerichtlichen Billigkeitskontrolle. Es dominiert die Vertragsfreiheit, in deren Rahmen die Vertragsparteien die Hauptpflichten aus dem Dienstvertrag (Arbeitsleistung und Vergütung) in einem autonomen Verhandlungsprozess konkretisieren.

▶ In der Praxis ist die Unterscheidung in Ziel*vorgabe* und *-vereinbarung* oftmals nicht eindeutig. Um Ziele als „vereinbart“ klassifizieren zu können, muss der Arbeitnehmer tatsächlich auch einen substanziellen Einfluss auf die Zielentstehung haben. Indizien dafür sind

- Vorschlagsrechte für Ziele,
- Existenz von Gesprächsterminen, in denen die möglichen Ziele mit dem Vorgesetzten diskutiert werden,
- hinreichende Ergebnisoffenheit des Diskussionsprozesses.

Macht ein Arbeitnehmer geltend, dass er gar keinen Einfluss auf die Ziele hatte, sie ihm also völlig autoritär vorgegeben wurden, so trifft ihn dafür die Beweislast.

▶ Wenn zielbasierte Vergütung vereinbart ist, dann muss der Arbeitgeber auch dafür sorgen, dass rechtzeitig Ziele vorhanden sind. Ansonsten ist er dem Arbeitnehmer wegen einer Pflichtverletzung zu Schadensersatz nach den §§ 280 ff. BGB verpflichtet, wenn er die Nichtexistenz von Zielen zu vertreten hat.

Höchst relevant ist dabei wieder die Unterscheidung in Ziel*vorgabe* und Ziel*vereinbarung*. Bei einer vorgesehenen Ziel*vorgabe* muss der Arbeitgeber zwingend die Initiative ergreifen. Der Arbeitnehmer muss den Arbeitgeber auch nicht zu einer Definition von Zielen auffordern oder über eine Mahnung in Verzug setzen. Untätigkeit des Arbeitgebers macht ihn schadensersatzpflichtig.

Eine Ziel*vereinbarung* bedarf dagegen der Mitwirkung des Arbeitnehmers. Ein Bonusanspruch oder Schadensersatz kommt nicht in Betracht, wenn aus alleinigem Verschulden des Arbeit*nehmers* eine Zielvereinbarung nicht zustande kommt, etwa weil er zu einem Gespräch nicht bereit ist. Der Arbeitgeber sollte das Angebot eines Gesprächs – am besten über eine schriftliche Einladung – und die Ablehnung durch den Arbeitnehmer aus Beweisgründen dokumentieren.

Sollte bei Ziel*vereinbarungen* nicht eindeutig eine Initiativpflicht des Arbeitgebers geregelt sein – der er im Übrigen genügt, wenn er dem Mitarbeiter nachweislich erreichbare Ziele vorgeschlagen hat -, dann tragen beide Seiten Verantwortung für deren Zustandekommen. Vom Arbeitnehmer ist zu erwarten, dass er den Arbeitgeber zu Gesprächen über Ziele auffordert, falls dieser nicht tätig wird. Unterlässt er diese Aufforderung, dann trifft ihn ein Mitverschulden am Nichtzustandekommen der Zielvereinbarung, das in Einzelfallwürdigung bei der Bemessung des Schadensersatzanspruches angemessen zu berücksichtigen ist.

Der Schaden aus nicht existierenden Zielen umfasst gem. § 252 BGB auch den *„entgangenen Gewinn"*, der *„nach dem gewöhnlichen Lauf der Dinge (…) mit Wahrscheinlichkeit erwartet werden konnte"*. Im Falle nicht existierender Ziele ist das die mögliche Bonuszahlung für die Zielerreichung. Laut Bundesarbeitsgericht ist grundsätzlich davon auszugehen, *„dass ein Arbeitnehmer die vereinbarten Ziele erreicht hätte."* Für gegenteilige Annahmen liegt die Beweislast beim Arbeitgeber.

Um in der Praxis die Situation nicht existierender Ziele gar nicht erst entstehen zu lassen, muss ein eindeutiger und verbindlicher Terminplan für die einzelnen Phasen der Zielvereinbarungsgespräche an alle Führungskräfte kommuniziert werden. Und seine Einhaltung muss durch die Unternehmensleitung strikt überwacht werden.

► Schon aus Gründen der Klarheit und Transparenz und aus Beweisgründen sollten Ziele schriftlich dokumentiert werden. Ein Duplikat sollte im Sinne von § 2 Abs. 1 Nr. 5 und 6 des Nachweisgesetzes auch an den Arbeitnehmer ausgehändigt werden.

Zielverfolgung

► In welchem Verhältnis stehen Zielvereinbarungen und Direktionsrecht des Arbeitgebers? Zwar soll dem Arbeitnehmer über Zielvereinbarungssysteme ein größerer Autonomiespielraum bei der Aufgabenerfüllung eingeräumt werden, aber im Zweifel hat immer das Direktionsrecht des Arbeitgebers Vorrang. Sollten die

Eingriffe des Arbeitgebers allerdings so massiv sein, dass dem Mitarbeiter dadurch weitestgehend die Möglichkeit genommen wird, seine Ziele zu erreichen, dann liegt möglicherweise eine *objektive* oder *subjektive Unmöglichkeit* nach § 275 BGB oder eine *Störung der Geschäftsgrundlage* nach § 313 BGB vor. Der Arbeitnehmer muss dann bei der Gewährung des Zielbonus so gestellt werden, als ob er in hinreichendem Umfang an seinen Zielen hätte arbeiten können.

Auf alle Fälle sollte der Arbeitgeber nicht „nach Gutsherrenart" unangemessen häufig und unangemessen intensiv in die Freiräume des Mitarbeiters eingreifen. Denn dann verhält er sich „*treuwidrig*" (§ 242 BGB) und begeht eine Pflichtverletzung. Der Arbeitnehmer hätte dann einen Unterlassungsanspruch.

▶ Ist im Rahmen der Zielvereinbarung die Verfügbarkeit bestimmter Ressourcen abgesprochen (Sachmittel, Personalkapazität, Informationen, Fortbildungsmodule), dann ist der Arbeitgeber zu deren Bereitstellung auch verpflichtet. Denn die Ressourcenausstattung ist Vertragsbestandteil geworden. Der Mitarbeiter muss auch in zumutbarem Umfang bei der Zielverfolgung unterstützt werden.

▶ Die Fälle eines vorzeitigen Ausscheidens des Arbeitnehmers während der Zielerfüllungsperiode – durch Eigenkündigung des Mitarbeiters oder auch durch Kündigung des Arbeitgebers – sollten im Vorfeld möglichst eindeutig geregelt werden. Hat der Mitarbeiter dann einen Anspruch auf einen anteiligen Zielbonus? In welcher Höhe? Wie wird er ermittelt?

Ein Komplettentfall von Bonuszahlungen ist tendenziell dann möglich, wenn die Boni den Charakter von *Gratifikationen* haben, also vom Arbeitgeber freiwillig und zusätzlich zur normalen Vergütung gewährt werden – etwa um einen Anreiz für Betriebstreue zu schaffen. Haben sie jedoch eher den Charakter von *Entgelt für geleistete Arbeit* – etwa weil Teile eines bisherigen Fixgehalts variabilisiert wurden -, dann müsste man dem Arbeitnehmer einen zeitanteiligen Bonusanspruch zugestehen. Dies gilt zumindest für Ziele, bei denen dieser hinreichend exakt und mit vertretbarem Aufwand zu ermitteln ist.

▶ Wenn sich die Umfeldbedingungen der Zielverfolgung deutlich geändert haben (z. B. Wechselkursveränderungen) und die Zielerreichung dadurch deutlich schwerer (leichter) wird, dann stellt sich die Frage, ob der Arbeitnehmer (Arbeitgeber) einen Anspruch auf Anpassung des Ziels hat.

Solche Fälle sind als *„Störung der Geschäftsgrundlage“* nach § 313 BGB zu interpretieren. Eine Vertragspartei kann die Veränderung von Zielen unter folgenden Bedingungen verlangen:

- Die in Frage stehenden veränderten Rahmenbedingungen müssen eine Grundlage der Vereinbarung sein.
- Die Veränderung muss schwerwiegend sein.
- Die Parteien hätten die Vereinbarung nicht in dieser Form abgeschlossen, wenn sie die Veränderung vorausgesehen hätten.
- Das Festhalten an der Vereinbarung kann einer Seite nicht zugemutet werden.

Die Hürden dieses Prüfrasters liegen sehr hoch. Wirtschaftliche Betätigung ist immer risikobehaftet. Nur in Ausnahmefällen wird also ein rechtlicher Anspruch auf eine Zielveränderung entstehen. Es bedarf Ereignissen, die keinesfalls erwartbar und auch sehr gravierend sind, also außerhalb der üblichen Lebenserfahrung liegen.

Feststellung der Zielerreichung

▶ In der Praxis kann es zwischen Mitarbeiter und Arbeitgeber durchaus unterschiedliche Meinungen zur Frage geben, ob und in welchem Umfang ein Ziel erreicht wurde. Dies betrifft in erster Linie qualitativ formulierte Ziele. Im Einzelfall kann es aber auch bei quantitativ formulierten Zielen Dissens über das genaue Messprozedere geben (z. B. ab wann ein gefertigtes Stück „fehlerfrei“ ist und wann nicht mehr).

Bei der Erreichungsbeurteilung solcher „Zieltypen mit Unschärfe“ steht dem Arbeitgeber ein Beurteilungsspielraum zu. Dieser ist analog zu sehen zur Erstellung von Leistungsbeurteilungen oder Ausstellung von Arbeitszeugnissen. Bei der Nutzung dieses Beurteilungsspielraums ist einerseits auf die Wahrung des *Gleichbehandlungsgrundsatzes* zu achten. Und andererseits müssen die Beurteilungen in analoger Anwendung von § 315 Abs. 1 BGB *„nach billigem Ermessen“*, also unter angemessener Berücksichtigung der Interessen der Arbeitnehmer getroffen werden.

Keinesfalls darf von einem automatischen Alleinbestimmungsrecht des Arbeitgebers über den Grad der Zielerreichung ausgegangen werden. Insbesondere, wenn Elemente wie „Selbsteinschätzung“, „Zielerreichungsgespräch“, „Widerspruchsrechte“ o. ä. im Zielvereinbarungssystem vorgesehen sind, kann das den Eindruck nahelegen, dass der Arbeitgeber bereit ist, Teile seiner Entscheidungsmacht über die Feststellung der Zielerreichung abzugeben.

Grundsätzlich möglich wäre auch die Einrichtung einer betrieblichen Schlichtungsstelle, die sich aus Vertretern der Mitarbeiter, des Arbeitgebers und gegebenenfalls unabhängigen Externen zusammensetzt. Diese könnte einen Kompromissvorschlag erarbeiten oder aber sogar eine verbindliche Entscheidung fällen. Es müsste dann im Vorfeld der Schlichtungsanlass und das Schlichtungsprozedere möglichst präzise definiert werden.

Vorbeugende Rechtssicherheit gegen Dissens hinsichtlich des Zielerreichungsgrads bietet die möglichst präzise und ausführliche Definition von Kriterien schon bei der Zielvereinbarung, an denen später der Grad der Zielerreichung abzulesen ist (siehe Abschn. 3.5).

▶ Mitarbeiter können krankheitsbedingt ausfallen und in dieser Zeit nicht an der Zielrealisierung arbeiten. Krankheitszeiten in einem angenommenen Normalbereich (Vorschlag: bis zu 15 Arbeitstage p.a.) sollten als „normale Wechselfälle des Lebens“ bereits in der Zielvereinbarung berücksichtigt sein.

Gehen die Ausfallzeiten darüber hinaus, dann steht der Vorgesetzte vor der Aufgabe den de facto erreichten Zielerfüllungsgrad des Mitarbeiters fingiert nach oben zu korrigieren. Seine Leitfrage dazu wäre: „*Welchen Zielerreichungsgrad hätte der Mitarbeiter realisiert, wenn er auch während des Erkrankungszeitraums gearbeitet hätte?*“. Dieser fingierte Zielerfüllungsgrad ist dann die Basis für die Bonusgewährung.

Man sollte diese fingierte Korrektur aber auf den maximalen Zeitraum der Entgeltfortzahlung je Krankheitsfall (6 Wochen) beschränken. Diese Vorgehensweise ist kompatibel mit einer Kernintention des Entgeltfortzahlungsgesetzes, nämlich den Arbeitnehmer – zumindest für eine begrenzte Zeit – im Falle des „Schicksalsschlags Krankheit“ abzusichern und ihm nicht noch zusätzliche finanzielle Belastungen zuzumuten. Bei längeren Krankheitszeiten erhält der Mitarbeiter ja auch nur noch das reduzierte Krankengeld. Es gibt keinen zwingenden Grund von dieser Systematik abzuweichen und ihn hinsichtlich der zielbasierten Vergütungsanteile besser zu stellen.

▶ Für Phasen, in denen das Arbeitsverhältnis ruht (Mutterschutz, Elternzeit, Wehrübungen) kommt die fiktive Annahme, dass der Arbeitnehmer während dieser Zeit seine Ziele verfolgt, nicht in Frage. Analoges gilt für längeren unbezahlten Urlaub und Phasen der Kurzarbeit. Die maximal möglichen Zielboni sind zeitproportional zu kürzen. Dies sollte in einer ausdrücklichen Regelung klargestellt werden.

▶ Weitergehende arbeitsrechtliche Konsequenzen sind aus Zielverfehlungen der Mitarbeiter nicht abzuleiten. Der Arbeitsvertrag ist ein Dienstvertrag und kein Werkvertrag. Also schuldet der Arbeitnehmer eine hinreichende Bemühung um die Zielerreichung, aber keinen konkreten Erfolg.

Lediglich eine beharrliche Weigerung, zur Zielerreichung überhaupt tätig zu werden oder sich ernsthaft darum zu bemühen, würde den Tatbestand einer Schlechterfüllung oder sogar einer Arbeitsverweigerung erfüllen. Mögliche Konsequenzen wären eine Abmahnung, im Wiederholungsfall auch eine verhaltensbedingte Kündigung nach den üblichen Regeln für diese Art der Leistungsstörung.

▶ Eine – mit der Intention der Motivationssteigerung vorgenommene – organisationsweite Veröffentlichung von Zielerreichungsgraden einzelner Mitarbeiter verstößt gegen den „Schutz personenbezogener Daten" im Bundesdatenschutzgesetz (BDSG). Möglich wäre eine namentliche Veröffentlichung nur, wenn der Mitarbeiter gem. § 4a Abs. 1 BDSG vorher, explizit, freiwillig und schriftlich eingewilligt hat.

Gegen eine anonymisierte Veröffentlichung von Zielerreichungsgraden ist nichts einzuwenden, sofern kein Rückschluss auf den einzelnen Mitarbeiter möglich ist.

Was Sie aus diesem Essential mitnehmen können

- Sie kennen die wesentlichen Aufbau- und Funktionsprinzipien zielorientierter Führungssysteme.
- Sie haben einen detaillierten Überblick zu allen Entscheidungen, die bei der Konzeption eines zielbasierten Vergütungssystems zu treffen sind.
- Sie kennen zu allen notwendigen Einzelentscheidungen die relevanten Entscheidungsalternativen samt ihrer jeweiligen Vor- und Nachteile.
- Sie sind in der Lage, auf fundierter Basis ein zielbasiertes Vergütungssystem zu konstruieren, das sich an den konkreten Bedürfnissen Ihrer Organisation orientiert.
- Sie kennen die Risiken und mögliche unerwünschte Nebenwirkungen variabler Vergütungssysteme auf Zielerreichungsbasis in der Praxis und sind in der Lage, prophylaktisch gegenzusteuern.
- Sie wissen, wie Sie die Implementierung eines neuen Vergütungssystems durch adäquate Begleitaktivitäten wirksam unterstützen können.
- Sie kennen die wichtigsten arbeitsrechtlichen Fragestellungen, die sich bei der Konzeption eines zielbasierten Vergütungssystems ergeben und sind in der Lage, ein rechtlich abgesichertes System zu entwickeln.

K. Watzka, *Zielbasiert vergüten*, essentials,
DOI 10.1007/978-3-658-13160-9

Literatur

Bauer JH, Diller M, Göpfert B (2002) Zielvereinbarungen auf dem arbeitsrechtlichen Prüfstand. Betriebs-Berater 17:882–887

Conrad P, Manke G (2002) Ergebnisse einer branchenübergreifenden Studie zu Zielvereinbarungen, Leistungsbeurteilung und flexibler Vergütung. REFA-Nachrichten 2:24–29

Eyer E, Haussmann T (2014) Zielvereinbarung und variable Vergütung, 6. Aufl. SpringerGabler, Wiesbaden

Femppel K (2005) Keine Fehler im System. Personal 01:38–40

Femppel K, Böhm H (2006) Ziele und variable Vergütung in einem dynamischen Umfeld. Bertelsmann, Bielefeld

Fratschner FA (2005) Flexible Leistungs- und Vergütungssysteme. Arbeit und Arbeitsrecht 05:294–298

Friedrich N (2006) Arbeitsrechtliche Aspekte von Zielvereinbarungen. Personalführung 5:22–35

Heiden R (2006) Grenzen der Entgeltvariabilisierung am Beispiel zielvereinbarungsgestützter Vergütung. Der Betrieb 44:2401–2406

Heiden R (2009a) Entgeltvariabilisierung durch Zielvereinbarungen. Der Betrieb 32:1705–1709

Heiden R (2009b) Unterjährige Zielanpassung und Feststellung der Zielerreichung bei entgeltrelevanten Zielvereinbarungen. Der Betrieb 50:2714–2718

Knebel H (2005) Variable Vergütung gekoppelt an Zielvereinbarungen. In: Zander E, Wagner D (Hrsg) Handbuch Entgeltmanagement. Vahlen, München, S. 95–113

Köppen M (2002) Rechtliche Wirkungen arbeitsrechtlicher Zielvereinbarungen. Der Betrieb 7:374–379

Malik F (2000) Führen-Leisten-Leben, 2. Aufl. Deutsche Verlags-Anstalt, Düsseldorf

Stock-Homburg R (2010) Personalmanagement, 2. Aufl. Gabler, Wiesbaden

Watzka K (2016) Zielvereinbarungen in Unternehmen, 2. Aufl. SpringerGabler, Wiesbaden (in Vorbereitung)

Watzka K (2011) Zielvereinbarungen – auch ohne Boni? Die Bank 2:78–83

K. Watzka, *Zielbasiert vergüten*, essentials,
DOI 10.1007/978-3-658-13160-9

Printed in the United States
By Bookmasters